KB000076

21세기는 글쓰기가 경쟁력이다
소통 중심의 TECHNICAL WRITING

21세기는 글쓰기가 경쟁력이다
소통 중심의 TECHNICAL WRITING

2011년 2월 27일 초판 1쇄 발행
2012년 8월 30일 초판 2쇄 발행

지은이 | 조진호
펴낸이 | 이찬규
펴낸곳 | 북코리아
등록번호 | 제03-01240호
주소 | 462-807 경기도 성남시 중원구 상대원동 146-8
우림2차 A동 1007호
전화 | 02-704-7840
팩스 | 02-704-7848
이메일 | sunhaksa@korea.com
홈페이지 | www.bookorea.co.kr
ISBN | 978-89-6324-057-2 (03300)

값 12,000원

*본서의 무단복제를 금하며, 잘못된 책은 바꾸어 드립니다.

이 도서의 국립중앙도서관 출판시도서목록(CIP)은 e-CIP홈페이지(http://www.nl.go.kr/ecip)와 국가자료공동목록시스템(http://www.nl.go.kr/kolisnet)에서 이용하실 수 있습니다.
(CIP제어번호: CIP2011000781)

21세기는

글쓰기가 경쟁력이다

소통 중심의 TECHNICAL WRITING

조진호 지음

북코리아

PROLOGUE

오랜 회사 생활을 끝내고 저자가 대학에서 제2 인생을 모색하던 2007년 하반기에 명지대학교에서 technical writing을 가르칠 산업계 경력 있는 이공계 박사를 찾고 있었다. 저자가 technical writing과 인연을 맺게 된 계기였다.

마땅한 교재가 없어서 지난 3년간 국내와 미국의 글쓰기 관련 자료들과 신문기사들을 참고하여 강의하였다. 매학기 강의하면서 소통중심 글쓰기 교재의 필요성을 느꼈다. 강의 자료를 정리하여 마침내 글쓰기 교재를 만들었다. 대학생들이 많은 관심을 가지고 있는 자기소개서, 면접, 토의와 발표, 그리고 글쓰기의 기본 윤리에 해당하는 표절과 인용을 포함시켰다.

Technical Writing을 강의하면서 이공계 출신 전직 관료인 임재춘 교수님과 많은 논의를 해 왔다. 현직 기자인 배상복 씨의 글쓰기 관련 저서, 신문기사, 그리고 여성 특유의 감성적인 글쓰기를 강조한 송숙희 씨 저서들을 참고하였다. 세 분 모두 글쓰기의 실제와 중요성을 현장에서 직접 경험한 분들이기 때문에 소통 중심 technical writing 교재 편집에 도움이 되었다. 또 저자와 함께 명지대에서 글쓰기 강의를 담당하시는 교수님들의 도움도 컸다. 저자가 모르는 부분, 의문점에 대해 정성껏 자문해 주셨을 뿐만 아니라 교정과 수정 작업을 도와주셨다. 부족한 원고를 짧은 시간에 책으로 만들어 주신 이찬규 사장님께도 감사드린다.

본 교재가 글쓰기가 경쟁력인 21세기를 살아가는 이공계 대학생들에게 조금이라도 도움이 된다면 저자로서는 큰 기쁨이 될 것이다.

2011년 2월 22일

조진호

CONTENTS

일러두기

1 이 책에서 저자는 조진호를 뜻하며,
특정 이슈에 대한 저자의 개인적 견해를 말하고자 할 때 사용한다.
필자는 일반적으로 글 쓰는 사람을 뜻한다.

2 각 장에 있는 연습문제로 실습을 하면
글쓰기 능력 향상에 많은 도움이 될 것이다.
다만 제목, 주제는 상황에 따라서 바꾸어도 무방하다.

3 본문에 나오는 펜( ) 모양은 사례 문장을 나타내며,
이어 나오는 연필( ) 모양은 수정 문장을 의미한다.

4 프롤로그에서 밝혔듯이 9장의 내용은
배상복 씨 저서 『문장기술』을 많이 참고하였다.

5 매주 한 장씩 강의할 수 있도록
한 학기용 교재로 편집하였다.

1

글쓰기가 경쟁력이다

교육목표

21세기는 글쓰기 능력이 개인의
사회적 경쟁력을 결정하는 시대이다.

소통: 지식, 정보, 감정을 다른 사람과 공유하고 함께 나누는 일

소통(疏通)은 영어로 'communication'이다. 지식, 정보, 감정 등을 다른 사람과 공유하고 함께 나눈다는 뜻이다. 우리는 생활 속에서 남과 끊임없이 소통하면서 살아간다. 사람들은 어떤 주제나 내용에 대하여 자신의 지식, 정보, 감정, 주장 등을 지속적으로 다른 사람과 주고받는다. 처음 만날 때 이름, 소속, 직업, 나이, 취미, 관심사항, 고향 등을 말하며 자신을 소개한다. 취직하려는 사람은 제일 먼저 이력서와 자기소개서를 작성한다. 또 면접을 어떻게 준비해야 할지 고민한다. 대학생활에서도 소통은 중요하다. 실험을 끝내고 학생은 실험보고서를 작성하여 제출하고, 교수는 보고서를 통하여 학생을 평가한다. 연구는 보고서를 제출함으로써 마무리된다. 직장에서도 마찬가지다. 상품을 개발하려면 연구원은 치밀한 개발제안서를 작성하는 일부터 시작한다. 상품을 많이 팔기 위해 관련자들은 영업전략 회의를 한다. 누군가 회의록을 작성하여, 관련된 사람 또는 부서끼리 회의 내용을 공유한다. 우리는 개인적 영역이든 공적 영역이든 간에 끊임없이 남과 소통하면서 살아간다.

소통능력 = 사회적 경쟁력

저자는 회사에서 연구관리, 경영책임자로 오랫동안 일한 경험이 있다. 주요 내용을 잘 정리하여 보고서를 만들고 이를 정확하고 간결하게 전달하는 것이 얼마나 중요한지 저자는 직접 체험하였다. 보고서와 발표를 통하여 저자가 관리하는 조직의 주요 업무를 상사가 쉽게 파악하고 조정할 수 있게 하였다. 또 상사가 상황을 잘못 판단하고 있을 때, 소통을 통하여 설득 · 조정할 수 있는 기회를 가질 수 있었다. 저자가 보고를 잘해서 연구에 필요한 예산, 인원 등 연구자원을 원활하게 확보하면 팀 분위기가 좋아지는 것을 경험하였다. 팀원들과 신뢰도 깊어지고, 형성된 신뢰는 좋은 업무성과로 나타나는 것을 자주 경험하였다. 또 저자가 책임지고 있는 일의 중요도, 우선순위 등 주요 관리항목을 쉽게 파악할 수 있었다. 조직 관리능력이 향상됨을 경험하였다. 이런 회사생활을 통하여 저자는 소통능력이 개인의 사회적 경쟁력을 결정하는 척도라는 점을 깊이 깨달았다.

소통능력(communication capability)은 개인의 사회적 경쟁력을 결정하는 척도이다. 아무리 좋은 지식, 정보를 가지고 있다 하여도, 이들이 남에게 전달되어 공유되고 평가받기 전까지는 그 가치를 인정받을 수 없기 때문이다. 탁월한 아이디어를 가지고 있는 사업가가 투자자로부터 자금을 지원받지 못하면 그 아이디어는 그냥 묻힐 수밖에 없다. 회사가 아무리 좋은 제품을 가지고 있어도 제품의 우수성을 소비자에게 전달하지 못하면 시장에서 실패할 수밖에 없다. 연구자들은 연구 지원을 받기 위하여 연구제안서를 작성하고 발표하여 그 분야 전문가들로부터 평가를 받아야 한다. 직장에서 각종 회의를 하고, 이를 정리하여 공유하는 일은 이제 일상적 일이 되었다. 영업 회의를 하는데 영업 현장의 상황을 알기 쉽게 잘 정리하는 직원과 그렇지 못한 직원을 상상해 보자! 누가 좋은 평가를 받을지는 명백하다.

소통능력은 사회생활이나 조직 안에서 개인의 경쟁력을 구성하는 핵심요소이다.

개인과 개인 사이 관계에서도 소통능력은 중요하다. 한 개인이 지식, 정보, 감정을 다른 사람과 잘 소통하면 둘 사이에 신뢰가 생긴다. 둘 사이 신뢰는 친구와 동지 관계로 발전한다. 그러나 개인과 개인 사이에 소통이 잘 안되면 정반대 일이 벌어진다. 둘 사이 신뢰가 무너지고 상대방을 서로 믿지 못한다. 둘 사이 관계가 적대적으로 변한다. 이처럼 소통은 개인과 개인 사이 관계에도 큰 영향을 끼친다.

개인과 불특정 다수와의 소통도 마찬가지이다. 어느 개인이 간직하고 있는 지식, 정보, 가치를 불특정 다수(일반적으로 대중 또는 조직구성원)에게 잘 전달하여 설득하는 능력이 뛰어나면 그 개인의 사회적 경쟁력은 그만큼 인정을 받고, 일을 추진하는 데 많은 탄력을 받는다. 반대로 소통능력이 떨어지면 일을 추진하는 것이 힘들고, 심하면 될 일도 안 되는 결과를 가져 온다. 국정을 이끌어 가는 대통령도 마찬가지다. 대통령의 정책과 비전을 국민들에게 전달하여 지지를 받을 수 있느냐의 여부가 대통령이 이끄는 정부의 성공과 실패를 결정한다. 개인이 남과 소통하는 능력은 개인의 사회적 경쟁력을 결정하는 척도가 된다.

다음 〈표 1〉은 이공계 출신자가 직장에 들어갔을 때, 보고서 및 제안서 작성, 발표 등 소통이 전체 업무에서 차지하는 비중을 나타내는 통계자료이다.

2~3년차 신입사원:	30%
중간 관리자(과장, 부장, 팀장):	50~70%
임원급:	70~95%

표 1 업무에서 소통(글쓰기, 발표)이 차지하는 비중

2~3년차 신입사원의 경우, 소통이 차지하는 비중이 업무의 30%가 되며, 상위직급으로 올라갈수록 그 비중은 커지는 것을 알 수 있다. 특히 임원 등 고위 경영진의 경우 소통이 업무의 대부분임을 보여주고 있다. 실제로 정부나 대기업에서 고위직으로 승진하기 위해서는 서류 작성, 토론, 발표, 인터뷰 등 소통능력이 중요시되고 있다. 소통능력을 갖추지 못한 사람은 고위직으로 승진하기 어려운 세상이 되었다. 반대로 소통능력이 뛰어난 사람에게는 그만큼 고위직으로 진출하기 쉬운 세상이 되었다.

미국의 한 조사기관은 성공한 50~60대 이공계 출신들에게 직장생활에서 중요함에도 불구하고 대학교에서 배우지 못한 분야가 무엇인지 질문하였다. 이공계 대학생들이 꼭 배워야 할 과목 1위로 경영학을 선정하였고, 두 번째로 Technical Writing(TW, 기술 글쓰기, 2장에서 자세히 설명)을 선정하였다(표 2).

1. 경영학	2. Technical Writing
3. 확률과 통계	4. 발표
5. 창의성	6. 개인 간 인화
7. 그룹 간 인화	

표 2 이공계 학생이 꼭 배워야 하는 분야

〈표 2〉에서 보듯이 TW, 발표 등 의사소통능력이 직장생활에서 중요함에도 불구하고 아직도 우리나라 이공계 학생들은 전공분야만 잘하면 되는 줄 안다. 글쓰기, 발표 등 소통능력은 자신과 관련 없는 것으로 생각하는 경우가 너무 많다. 저자도 대학에서 공부할 때, 의사소통의 중요성에 대한 교육을 받은 적이 없었으나 회사생활을 통하여 이의 중요성을 스스로 깨달았다. 어떤 분야에서 어떤 일을 하든지 소통능력은 반드시 갖추어야 할 기본소양임을 명심해야 한다.

미국에 유학 가려면 교수의 추천서가 필수적이다. 추천하는 학생의 전문분야에 대한 능력뿐만 아니라 글쓰기 능력(written communication skill)과 발표능력(oral communication skill)을 평가하는 것이 필수적이다. 전문지식 못지않게 지원자의 의사소통능력을 중요시하는 단적인 사례이다.

훌륭한 정치인, 경영자, 연예인, 기업인, 관료 등 각 분야에서 성공하는 사람은 소통능력이 뛰어나다. 자신의 비전, 주장, 감정과 정책을 글이나 연설을 통하여 남에게 전달하는 소통능력이 탁월하다. 많은 사람들은 미국 16대 대통령인 에이브러햄 링컨이 1863년 게티즈버그 국립묘지에서 행한 연설을 아직도 기억한다. "국민의, 국민에 의한, 국민을 위한 정부는 지구상에서 결코 멸망하지 않을 것이다"는 민주주의 정치이념을 가장 쉽게 설명하는 표현이다. 한국 17대 이명박 대통령은 대통령 후보시절 "경제를 꼭 살려내겠습니다"라는 말로 많은 유권자 마음을 사로잡았다. 미국 44대 대통령 버락 오바마는 대통령 선거 기간 동안 'change' 라는 단어로 미국의 정치, 경제, 사회 전반의 변화 필요성을 강조하면서 유권자 마음을 사로잡았다. 2002년 서울 월드컵 경기에서 한국팀 감독을 맡아서 4강 신화를 이룩한 히딩크가 기자들에게 연승행진에 대하여 했던 말, "나는 아직도 배고프다"는 아직도 많은 사람들이 기억하고 있다. 모두 탁월한 소통을 통하여 핵심내용을 정확 · 간결 · 명쾌하게 표현한 사례들이다. 이렇듯 성공하는 사람들은 모두 소통능력이 탁월하다. 아니 소통능력이 탁월한 사람만이 성공할 조건을 갖추고 있다는 말이 보다 정확한 표현이다.

개인의 사회적 경쟁력은 다음과 같은 수식으로 표현할 수 있다.

개인의 사회적 경쟁력 = 지식×의사소통능력

지식은 물리, 화학, 공학 등 단순한 전공지식뿐만 아니라 자신의 업무를 수행하기 위해 필요한 총체적 의미의 지식을 말한다. 의사소통능력은 동료, 조직 내 상사, 회사 안의 다른 부서 또는 사업 파트너, 고객 등 이해당사자와 소통하는 능력을 말한다. 개인의 사회적 경쟁력은 '지식×의사소통능력'으로 표시할 수 있다. 예를 들어 지식이 100점, 의사소통능력이 60점인 사람 A와 지식이 100점, 의사소통능력이 80점인 사람 B를 생각해 보자. A는 사회적 경쟁력이 6,000점, B는 8,000점이다. 지식은 동일하나 의사소통능력이 우수한 B의 사회적 경쟁력이 의사소통능력이 떨어지는 A보다 더 뛰어나다. 사회에서 성공적으로 일하는 지도급 인사들을 보면 대부분 의사소통

능력이 뛰어난 사람들이다.

소통수단 = 말, 글

특별한 환경에서 몸동작, 표정 등 이른바 비문자적 언어(nonverbal language)도 소통의 수단이 되는 경우가 있지만 말(oral language)과 글(written language)이 가장 일반적이고 많이 사용되는 소통수단이다. 말과 글은 지식, 정보, 감정을 빠르고 손쉽게 전달할 수 있는 소통수단이기 때문이다. 말과 글은 최종적으로 드러나는 표현 형태가 다를 뿐, 소통 내용을 준비하는 과정은 동일하다. 생각을 모으고 정리하여 글로 나타내는 전 과정을 이해하고 글쓰기 능력을 배우는 것은 곧 말을 조리 있게 하는 소통능력을 기르는 것이기도 하다. 말과 글 모두 중요한 소통수단이지만 보다 핵심적이고 기본이 되는 것은 글이다.

21세기는 글쓰기가 경쟁력이다

21세기는 정보기술(Information Technology, IT)에 의해 지식과 정보가 활발하게 유통되고 있는 지식정보화 사회이다. 이러한 지식정보화 사회에서는 정보처리능력, 문제해결능력과 함께 의사소통능력이 중요하다. 홍수처럼 밀려오는 수많은 정보들을 자신의 목적에 맞게 가공 ·

처리하는 능력은 21세기를 살아가기 위한 필수적 요건이 되었다.

뿐만 아니라 자기가 알고 있는 지식과 정보를 활용하여 실제 문제를 해결하는 능력도 매우 중요한 덕목이다. 학교에서 배운 지식은 실제 문제를 해결하는 데 사용될 때 비로소 그 의미가 있는 것이다. 저자가 수업시간에 자주 예를 드는 것이 있다. 보통 성인의 머리카락이 몇 개인지를 질문한다. 수만 개에서 수백만 개 등 여러 대답이 나온다. 다음에 또 질문을 한다. 밀도와 직사각형 면적을 구하는 공식을 질문한다. 학생들은 교과서적으로 밀도의 정의, 면적을 구하는 공식을 답변한다. 다음에 다시 밀도와 면적을 구하는 공식을 이용하여 머리카락 숫자를 계산해 보라고 질문한다. 이쯤 힌트를 주어도 대부분 학생들이 답변을 못한다. 교과서적 기본지식은 알지만 이를 활용하여 실제 문제를 푸는 문제해결능력은 많이 떨어진다.

직장, 사회에서 부딪히는 문제들 대부분은 교과서에 직접적으로 나와 있지 않다. 예를 들어 한반도의 황사 총량, 전국에 있는 멧돼지 수(오늘날 멧돼지가 너무 많아서 농업, 사람들에게 피해를 주고 있음)를 구하는 직접적인 방법이 교과서에는 없다. 그러나 이들 문제는 모두 밀도와 면적 공식을 알면 풀 수 있는 간단한 문제들이다. 문제해결능력을 설명하는 좋은 사례가 있다. 1984년 고 정주영 회장이 이끄는 현대건설이 서산만을 막는 간척지 토목공사를 할 때이다. 많은 토목 기술자들이 조수간만의 차이가 심한 서산 간척지 댐의 마지막 물막이 공사를 어떻게 해야 할지 고민할 때, 정주영 회장이 폐유조선을 활용하여 마지막 물막이 공사를 성공시켰다. 정주영 회장은 초등학교

밖에 나오지 않았지만 댐의 물막이 공사와 같은 문제를 해결하는 능력은 대학에서 토목공학을 전공한 사람보다 훨씬 뛰어났다. 이렇듯 자신의 지식, 경험을 바탕으로 실제 문제를 해결하는 능력은 21세기를 살아가는 사람이 갖추어야 할 주요 능력이다.

그러나 정보처리능력, 문제해결능력이 아무리 뛰어나다 해도 남과 소통하는 능력이 떨어지면 제대로 평가받기 어렵다. 왜냐하면 정보처리능력과 문제해결능력은 남과 소통될 때 비로소 제대로 평가받을 수 있기 때문이다. 1970년대 초 정주영 회장은 울산에 조선소를 세우기 위해 자금이 필요하였다.

정 회장은 영국의 한 투자회사를 방문하였다. 정 회장은 당시 한국 지폐 500원짜리에 있던 이순신과 거북선을 보여 주면서 한국인이 쇠로 배를 만든 역사와 경험이 있음을 강조하였다. 정 회장은 설득에 성공하여 사업자금을 빌렸다. 정 회장의 정보처리능력, 문제해결능력과 함께 뛰어난 의사소통능력이 오늘날 현대중공업을 만들었다. 의사소통능력이야말로 21세기를 살아가는 모든 사람이 갖추어야 할 가장 중요한 덕목이다. 글쓰기가 경쟁력인 시대에 우리는 살고 있다.

요약

1. 소통은 지식, 정보, 감정 등을 남과 공유하고 함께 나누는 것이다.
2. 소통능력은 사회적 경쟁력의 핵심이다.
3. 소통수단은 글과 말이지만, 핵심은 글쓰기 능력이다.

연습문제

1. 내가 하고자 하는 일에서는 어떤 능력이 중요할까?
2. 남과 소통 없이 개인이 할 수 있는 직업이 있는가?
3. 내가 하고자 하는 일에는 어떤 소통수단이 필요한가?
4. 나의 소통능력에 대한 스스로의 평가는?

2

Technical Writing은 소통을 목적으로 하는 글쓰기다

교육목표

Technical Writing의 개념과 적용범위를 이해한다.

저자가 회사에서 보고서를 만들고, 발표할 때마다 상사 또는 결재권자가 하는 말이 있었다. "조 박사! 나를 초등학교 학생으로 생각하고 이해하기 쉽게 해 줘!" 하는 말이었다. 이해가 잘되도록 쉽게 쓰고, 발표하되 핵심내용을 훼손하지는 말아야 하는 것은 물론이다. 회사 밖에서도 사업 파트너, 이해당사자, 관료, 시민단체 등 여러 계층의 다양한 사람들과 소통할 때도 많이 있었다. 저자가 담당하였던 정밀화학 분야에 대한 전문지식을 가지고 있는 사람도 있었으나, 쉽게 설명해야만 이해할 수 있는 경우가 대부분이었다. 저자는 각기 다른 환경에서 소통하고자 하는 핵심내용을 어떻게 하면 정확 · 간결 · 명쾌하게 글이나 말로 표현할 것인지에 대하여 끊임없이 고민하였다.

의사소통의 본질

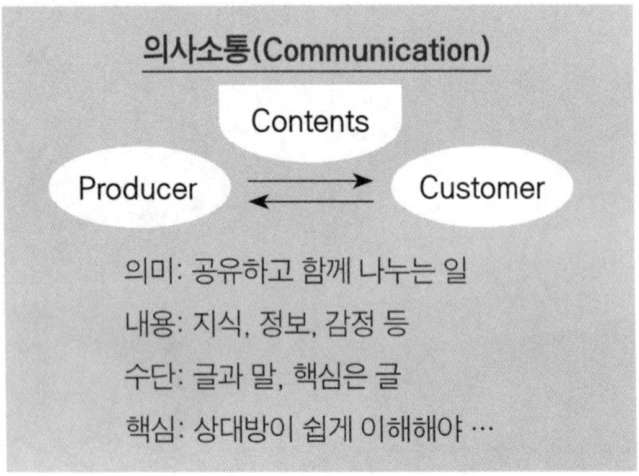

소통에 관련된 세 개의 축은 소통의 내용(contents), 소통의 생산자(producer)와 소통의 접수자인 고객(customer)이다. 즉 소통은 생산자가 소통의 내용을 조직화하여 상대방인 고객에게 전달하고 공유하는 과정이다. 보통 소통의 전달자(sender)와 소통의 수신자(receiver) 또는 소통의 생산자(producer)와 소통의 소비자(consumer)라고 표현한다. 그러나 저자는 소비자 대신에 고객(customer)이라고 부른다. 고객은 기업에서 자주 사용하는 단어로서 소비자의 존댓말이다. 고객이란 단어를 기업이 사용하는 것은 기업이 그 만큼 소비자를 귀하고 중요하게 여긴다는 의미가 있다. 기업 활동에서 소비자인 고객이 그 무엇보다도 중요하기 때문이다. 소통 과정에서 제일 중요한 것은 고객을 최우선으로 고려하는 일이다. 고객에 초점을 맞추어서 고객이 소통내용을 쉽게 잘 이해할 수 있도록 소통 내용을 정확 · 간결 · 명쾌하게 조직화하고 전달하는 일이다. 저자가 굳이 고객이라는 단어를 고집하는 이유는 소통 과정에서 상대방인 고객을 고려하는 일이 무엇보다도 중요하기 때문이다.

2009년 한국전력은 아랍에미리트(UAE)에서 원자력발전소 건설 사업권을 따냈다. 아랍에미리트는 세계 여러 기업체들로부터 사업제안서를 받았고, 주요 사업조건들에 대하여 다양한 협상을 전개하였다. 당신이 사업제안서를 직접 쓰고, 아랍에미리트와 협상하는 사람이라고 가정해 보라. 사업제안서를 쓸 때 사용할 단어, 문장 하나하나, 협상에서 해야 할 말 하나하나를 준비하고 결정해 가는 과정들은 피 말리는 작업이 아닐 수 없을 것이다. 아랍에미리트라는 고객을 앞에 두고 여러 국가, 회사들이 치열한 경쟁을 하였고, 경쟁의 본질은 소통이었다 해도 과언이 아니다. 이런 치열한 경쟁을 통하여 한국전력은 마침내 원전수주에 성공하였다. 이는 총체적인 소통 경쟁의 산물이 아닐 수 없다.

이렇듯 제안서를 쓰고, 이해당사자와 잘 소통하려는 고민은 회사, 정부, 사회단체 등 어떤 직장에서 일하는 경우에도 마찬가지다. 전자회사는 소비자들에게 TV, 냉장고, 컴퓨터, 휴대전화기 등을 팔 때, 제품의 사용설명서를 함께 제공한다. 제품의 사용법, 주의사항 등이 정확 · 간결 · 명쾌하게 전달되어야 하는 것은 너무도 중요하기 때문이다. 4대 강 살리기 사업, 세종시 수정안 등 주요정책을 국민들에게 잘 전달하여 정부정책에 대한 국민들의 지지를 끌어내느냐, 못 끌어내느냐 하는 문제는 정부로서 매우 중요한 일이다. 관광공사에서는 외국관광객을 유치하기 위하여 안내책자를 만들어 홍보한다. 안내책자에 어떤 내용을 어떻게 설명하는 글을 쓸 것인지는 너무도 중요한 일이다. 어떤 직업에서 무슨 일을 하든지, 사람들은 핵심내용을 정확 · 간결 · 명쾌하게 소통하려는 노력을 끊임없이 할 수밖에 없다.

그런데 누구나 잘하고 싶지만 마음대로 되지 않는 것이 글쓰기다. 어디서부터 어떻게 써야 할지 막막해한다. 글을 써야 한다는 것만으로 스트레스가 생기고 두려움이 앞선다. 연애편지를 쓰기 위해서 며칠을 끙끙대며 답답해하듯이, 중요한 보고서, 이메일을 쓰는 것에 스트레스를 받는 사람들이 의외로 많다. 모두 잘 써야 한다는 부담 때문이다. 그러다 보니 글쓰기가 두려워진다. 그러나 소설 등 문학적 글쓰기와 달리 의사소통을 목적으로 하는 기술적 · 사무적인 글쓰기는 기본적인 지식만 가지고 있어도 어렵지 않게 할 수 있다.

글은 쓰는 목적에 따라서 두 종류로 나눌 수 있다. 시 · 소설 · 희곡 · 수필처럼 독자에게 감동(impressive)을 주기 위한 문학적인 글과 제안서 · 보고서 · 제품설명서 · 안내문 · 신문기사처럼 독자와의 의사소통을 목적으로 하는 표현(expressive) 중심의 글이 있다. 사람들을 고민하게 만드는 글쓰기는 대부분 의사전달과 소통을 목적으로 하는 표현 중심의 글쓰기이다. 이 책은 표현 중심의 글쓰기 원리와 방식, 대표적인 사례들을 다루고 있다. 기본원리만 제대로 이해하여도 글쓰기에 대한 두려움은 사라지고, 글쓰기가 생각보다 쉬워질 것이다.

글쓰기에서 제일 중요하고 가장 먼저 가져야 할 자세는 글쓰기 자체에 대한 두려움을 없애는 일이다. 글쓰기에 대한 두려움을 갖는 이유는 많은 사람들이 글쓰기를 그림 그리기처럼 생각하기 때문이다. 특별한 재주가 있어야 그림을 그리듯이 특별한 재주가 있어야 글을 쓸 수 있다고 생각해 겁먹는다. 그러나 그림 그리는 것이 아니라 약도 그리는 것으로 글쓰기에 대한 생각을 바꾸면 글쓰기는 쉬워진다. 방향, 목적지, 주요 도로, 이정표가 될 건물들을 나열하여 약도를 어렵지 않게 그리듯이 기술적 · 사무적인 글쓰기는 약도 그리기와 같다. 독자에 초점을 맞추고 글 쓰는 목적을 분명히 한 다음, 주제를 뒷받침하는 경험, 사례 등을 설득력 있게 논리적이고 감동적으로 나열하여 쓰면 된다.

나아가 글의 구조와 논리전개 방식을 공학적으로 접근하면 소통 중심의 글쓰기가 훨씬 쉬워진다. 글쓰기에 두려움을 갖고 있는 이공계 학생들이 공학적 시각에서 글의 구조와 논리전개를 이해할 수 있도록 저자는 이 책을 편집하였다. 대학생 글쓰기 강의교재 목적으로 편집하였으나, 글쓰기에 관심을 갖고 있는 독자들도 유용하게 사용할 수 있도록 신경 썼다.

TW 핵심원리 = 정확 · 간결 · 명쾌하게 표현

소통의 관점에서 사람을 볼 때 두 부류로 나눌 수 있다. 아마추어와 프로다. 아마추어는 자신이 하고 싶은 이야기를 자기중심적인 시각에서 말이나 글로 표현하는 사람이다. 프로는 상대방이 원하고 필요로 하는 정보를 상대방 중심에서 제공하는 사람이다. 자신 중심에서 소통하는지 아니면 상대방 중심으로 소통하는지에 따라서 아마추어와 프로가 나뉘는 것이다. TW은 상대방 중심에서 상대방이 원하고 필요로 하는 정보를 효과적으로 전달하는 기술적인 글쓰기 방식이다.

TW(Technical Writing)이란?

복잡하고 어려운 핵심내용을
쉽게 표현하는 글쓰기(정확 · 간결 · 명쾌)
3C: Correct, Concise, Clear

역사적으로 볼 때 의사소통을 목적으로 하는 표현 중심의 글쓰기 교육은 미국에서 발전하였다. 미국에서도 이공계 대학교육이 산업현장과 맞지 않는다는 비판을 받은 적이 있었다. 이 책 1장에서도 언급하였듯이, 글쓰기 능력이 직장에서 중요함에도 불구하고 대학에서는 이에 대한 교육이 없었다는 비판을 받았었다. 산업현장이 요구하는 이공계 대학교육을 하기 위해서 공학교육 인증제가 실시되었다. 공학교육 인증제 실시는 의사소통을 목적으로 하는 표현 중심의 글쓰기 교육이 본격적으로 이루어지는 계기를 마련하였다. TW은 이런 배경에서 발전하였다. TW은 핵심내용을 정확(correct) · 간결(concise) · 명쾌(clear)하게 쓰는 글쓰기 방식이다. 상대방을 최우선적으로 고려함으로써 의사소통을 목적으로 하는 표현 중심의 글쓰기 방식이다. 기술적인 내용 또는 소통하고자 하는 핵심내용을 상대방이 쉽게 이해할 수 있도록 하는, 기술적이며 사무적인 글쓰기 방식이다.

TW 적용사례

TW은 신문, TV뉴스, 제안서, 보고서 등 의사소통을 목적으로 하는 모든 형태의 글쓰기에 적용할 수 있다. 글쓰기 관점에서 사람을 볼 때 네 가지 부류로 나눌 수 있다. 어려운 내용을 어렵게 쓰는 사람, 쉬운 내용을 어렵게 쓰는 사람, 쉬운 내용을 쉽게 쓰는 사람, 어려운 내용을 쉽게 쓰는 사람이 있다. 법률 전문용어가 나오는 판결문, 변론문 등 법조계에서 쓰는 글은 일반인 입장에서 보면 이해하기 힘들다. 한 문장이 4~5페이지 되는 경우도 있거니와 용어 자체가 생소하다. 또 대학교수와 연구자들이 작성하는 보고서, 제안서 등도 힘든 경우가 많다. 법조계, 대학교수 등 전문가 집단에서 사용되는 글은 대부분 어려운 내용을 어렵게 쓰는 대표적 사례이다. 반면 신문, TV처럼 일반대중들을 상대로 뉴스를 전달하는 대중매체들은 어려운 내용을 알기 쉽게 말이나 글로 표현하기 위해 엄청난 노력을 한다. 독자, 시청자가 외면하는 신문, TV는 그 존재 자체가 부정된다는 것을 누구보다도 대중매체는 잘 알기 때문이다. 당연히 신문, TV는 어려운 내용을 쉽게 전달하는 노력을 끊임없이 한다. 이런 노력 덕분에 모든 사람들은 신문, TV를 통하여 관심 분야의 경향을 파악할 수 있다.

소통과 의사결정 과정에서 중요한 위치를 차지하고 있는 제안서, 보고서, 프레젠테이션도 TW 원리가 직접적으로 적용되는 대표적 사례들이다. TW 원리는 소통을 목적으로 하는 다양한 글쓰기, 발표 등에 모두 적용된다.

TW의 적용 사례들

Producer	Contents	Customer
학생	보고서	교수
연구자	제안서	정부/회사
회사	제품설명서	소비자
신문사	기사문	독자
TV방송국	뉴스	시청자

다양한 상품을 소비자들에게 제공하기 위해 치열한 경쟁을 하는 회사들도 TW 원리를 적용하기 위해 노력한다. 새로운 전자제품을 팔기 위해서 주요 성능, 사용요령 등을 글로 표현한 제품 사용설명서는 그 대표적인 사례이다. TW은 가전제품의 사용설명서와 같이 사용자가 쉽게 이해하도록 설명을 필요로 하는 모든 공업제품에도 적용된다. 뿐만 아니라 컴퓨터 하드웨어, 소프트웨어, 화학, 우주항공학, 로봇공학, 회계, 재정, 전자제품, 자동차, 조선, 항공기, 국방기술 등 다양한 분야에서 사용되는 공식적인 글쓰기이다. 기술적 문제 또는 관련 내용을 전문가 또는 비전문가에게 설명하기 위한 글에도 적용하고 있다. 예를 들어 2010년 3월 26일 백령도 부근에서 발생한 천안함 침몰 원인에 대한 여러 가능성들과 이를 설명하는 글에도 TW은 엄격하게 적용된다. 전자제품 사용설명서, 보고서(사업, 연구, 사건), 제안서(사업, 연구), 설득하는 글, 어려운 내용을 설명하는 글에 적용할 수 있다. 감동 중심의 문학적 글쓰기를 제외한 의사소통을 목적으로 하는 모든 형태의 글쓰기에 적용되고 있어서 TW의 활용 범위는 매우 넓다.

오늘날 소프트웨어, 서비스 등 기술제품들은 어디에서 생산되든지 점점 비슷해지고 있다. 많은 나라에서 제조업자들은 제품과 함께 제품사용법을 소비자에게 제공하는 것이 의무이다. 심지어 제품설명서에 기술되어 있는 대로 소비자가 사용하여 사고가 나면 제품을 만든 회사가 책임지는 제조물책임법(product liability)이 있다. 회사들이 제품설명서를 작성하는 것이 또 다른 형태의 경쟁력이 된 시대에 우리는 살고 있다. 제품 사용설명서를 작성하는 데 있어서 대부분 제품개발자들은 어려움을 겪고 있다. 어려운 내용을 쉽게 글로 표현하는 능력이 없기 때문이다. 회사들은 제품설명서를 쓰기 위해 특별히 훈련된 전문가(Technical Writer)들에 의존할 수밖에 없다. 혹은 이를 전문적으로 취급하는 회사들에 부탁할 수밖에 없다.

요약

1. Technical Writing은 소통을 목적으로 하는 표현 중심의 글쓰기다.
2. TW의 핵심원리는 정확 · 간결 · 명쾌함이다.
3. TW은 기술적이며 사무적인 글쓰기에 모두 적용된다.

연습문제

내가 선택하고자 하는 직업에서는 어떤 형태의 TW이 중요한지 파악해 보고, 그 글에 담아야 할 필수적인 내용이 어떤 것인지 정리해 보자.

3

잘 쓴 글, 좋은 글의 조건과 주제-소재-제재 개념

교육목표

1. 좋은 글은 독자에 초점을 맞추기 때문에 쉽게 읽힌다.
2. 좋은 글은 목적이 분명하고 주제가 구체적으로 드러난다.
3. 주제, 소재, 제재, 화두의 개념을 이해하고 이를 글쓰기에 활용한다.

좋은 상품은 소비자들에게 인기 있다. 회사가 아무리 많은 돈을 들여서 상품을 개발하였다 해도 소비자들이 외면하면 그 상품은 실패작이다. 상품은 시장에서 소비자들에 의해 성공 여부가 판가름난다. 글도 마찬가지다. 좋은 글은 독자들이 잘 읽는 글이다. 아무리 좋은 내용이 글 속에 있더라도 독자가 외면한다면 글을 쓴 목적을 달성할 수 없다. 좋은 상품은 잘 팔리는 상품이듯이 좋은 글은 잘 읽히는 글이다.

글쓰기의 핵심 요소들

2장 '의사소통의 본질'에서 언급하였듯이 소통에 관련된 세 개의 축은 내용(contents), 생산자(producer)와 고객(customer)이다. 이를 글쓰기에 적용하면 소통의 생산자는 필자가 되고, 고객은 독자가 된다. 글 쓰는 목적을 분명히 한 다음, 목적에 맞게 소통의 내용을 조직화하는 일이 곧 글쓰기 과정이다. 글쓰기의 핵심은 독자에 초점을 맞추고 글 쓰는 목적을 분명히 하는 일이다.

필자는 글 쓸 때 주제에 대한 어느 정도의 독특한 지식이 있어야 하고, 또한 독자가 주제에 대해 알고 있는 수준을 파악하고 있어야 한다. 그래야 독자가 주제에 대하여 이해할 수 있도록 어떤 설명을 해야 할지, 어떤 사례를 들어야 할지 가늠할 수 있기 때문이다.

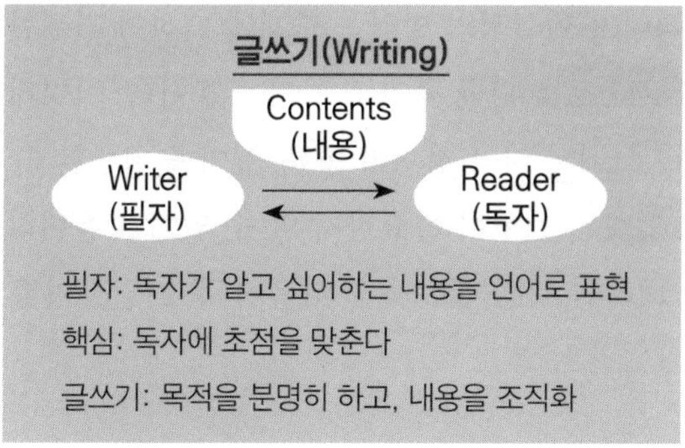

독자에 초점을 맞추라

필자는 처음부터 끝까지 독자에 초점을 맞추어야 한다. 필자가 독자와의 소통에 실패하면 필자는 글을 쓴 목적을 달성하지 못하는 것이다. 글을 쓸 때에는 대부분 독자가 누구인지 분명히 안다. 예를 들어서 자기소개서를 쓸 때, 독자는 회사의 인사담당자이다. 사업보고서는 독자가 경영진일 경우가 대부분이다. 연구제안서의 독자는 전문가 집단이다. 이렇듯 글쓰기에서 독자는 이미 그 대상이 정해져 있는 경우가 많다.

하지만 글을 쓸 때, 독자가 누구인지 분명하지 않은 경우도 가끔 있다. 이럴 때는 필자가 약간만 아는 특정 사람을 독자로 여기면 도움이 될 수 있다. 잘 아는 사람을 독자로 여기면 실제 독자와 소통하는데 필요한 정보들을 생략할 수도 있기 때문이다. 독자에 초점을 맞추는 구체적이고 현실적인 방안은 주제에 대하여 자세한 지식을 알기 전 필자 스스로를 평균 독자로 여기는 것이다. 이렇게 평균 독자를 가정하면 글에서 다룰 정보의 종류, 깊이를 예상할 수 있고, 어떤 사례, 어느 정도의 설명이 필요한지 알 수 있기 때문이다. 구체적으로 독자에 대하여 다음 질문들을 마음에 두고 글쓰기를 하면 도움이 된다.

독자 평가 항목

1. 평균 독자가 주제에 대하여 무엇을 알고 싶어하는가?
2. 평균 독자가 주제에 대하여 이미 무엇을 알고 있는가?
3. 주제를 잘 이해하기 위해 평균 독자에게 무슨 정보가 필요한가?
4. 내가 처음 주제를 이해하는 데 무엇이 가장 어려웠는가?
5. 주제를 이해하는 데 무엇이 나를 도왔는가?
6. 주제를 이해하기 위해 들 수 있는 가장 좋은 사례, 설명은 무엇인가?

글 쓰는 목적을 분명히 하라

사람들은 다음 세 가지 목적을 가지고 글을 쓴다. 첫째 알리기 위하여(설명하기 위하여), 둘째 즐기기 위하여, 셋째 설득하기 위해서다. 어린이 체내 납중독의 효과를 설명하는 글은 알리기 위한 목적으로 쓴 글이다. 음악회나 축구경기를 보고 쓴 글은 즐기기 위한 글이다. 화석연료로부터 발생하는 해로운 이산화탄소를 감축하기 위하여 전 세계 국가가 협력해야 한다는 글은 분명히 설득을 목적으로 하는 글이다. 가끔은 글 쓰는 목적이 중첩되기도 한다. 어린이 납중독의 위험을 감축하기 위하여 더 많은 연구비가 필요하다고 하면 설명과 설득을 위한 글이 되기도 한다. 글은 하나의 목적을 갖고 쓰기도 하나 대부분의 글은 하나 이상의 목적을 가지고 쓴다.

가끔 글쓰기 숙제를 내 주면 학생들은 글쓰기의 목적을 생각하지 않는 경우가 많다. 글을 쓰는 목적을 분명히 해야 글의 구조와 형식, 흐름을 결정할 수 있다. 예를 들어 대학 신입생이 첫 학기에 직면하는 어려움들에 대하여 글을 쓴다면 글은 당연히 알리고 설명하기 위한 글이어야 한다. 그러나 오늘날 대학생들은 과거 어느 때보다 자신의 경력개발을 위한 노력이 필요하다고 주장하는 글을 쓴다면 이 글은 단순히 설명을 목적으로 하는 글은 아니다. 필자의 주장을 뒷받침하는 근거나 이유, 배경 등을 설득력 있게 설명하는 논리전개가 필요하다. 즉 설명과 설득이 동시에 필요한 글이 된다.

연습문제

1. 신입생 환영회, 자기소개서, 여름휴가에 대하여 글을 쓸 경우, 글쓰기에 필요한 자세한 내용, 사례들을 열거해 보자.
2. 태풍에 대처하는 요령, 자신이 재미있게 본 영화, 대학 신입생이 직면하는 어려움에 대한 글을 쓸 경우, 필요한 내용, 사례들을 나열하고 기본적으로 글 쓰는 목적을 제시해 보자.

좋은 글은 필자가 드러내고자 하는 주장(주제)이 구체적으로 설득력 있게 전개된 글이며 독자들에게 전달되어 공감을 일으키는 글이다. 실제 글을 쓰는 과정에서 글의 내용을 구체화하기 위해서 주제, 소재, 제재, 화두에 대한 기본적인 개념을 이해하고 이들을 글쓰기에 잘 활용해야 한다.

주제

주제(主題, main idea)는 필자가 글을 통하여 말하고자 하는 중심생각, 또는 사상을 일컫는다. 글 쓰는 목적은 글을 통하여 필자의 중심생각, 즉 주제를 독자에게 전달하기 위해서이다. 통상적으로 한 편의 글에서는 하나의 주제를 전달한다. 한 편의 글에서 두 가지 이상의 주제들을 한꺼번에 전달하려고 하면 글의 초점이 흐려질 수밖에 없다. 한 편의 글에서는 하나의 주제만을 다루어야 필자가 말하고자 하는 중심생각이 독자에게 명쾌하게 전달된다. 또 하나의 글에서 주제는 하나이지만 주제를 세부적으로 뒷받침하는 소주제는 여럿(보통 2~4개)이 있을 수 있다. 각각의 소주제는 하나의 문단에서 중심생각을 형성하는 역할을 한다. 또한 하나의 주장을 펼쳐 가다가 파생된 지엽적인 문제를 자세히 거론한다면 앞에서 제시한 논리 구조가 허물어질 수 있다. 주장을 펼치는 데 방해가 되는 부차적인 문제는 가능하면 자세히 언급하지 말고 하나의 주제에 집중해야 한다. 그래야 전체적으로 통일성과 연결성이 유지된다.

소재

소재(素材, subject matter)는 한자의 의미에서 볼 수 있듯이 가장 원천적이고 기본이 되는 재료를 말한다. 글 쓰는 데 바탕이 되고 있는 그대로의 기초재료를 말한다. 사람, 자연, 사건, 사회현상 등 필자 안목에 비친 글쓰기 재료가 되는 대상을 의미한다. 글쓰기를 준비할 때 우선해야 할 일은 다양한 소재들을 모으고 정리하는 일이다. 이를 위해서는 4장 뒷부분에 나오는 구상 테크닉을 활용한다. 소재는 다음과 같은 요건들을 만족해야 한다.

소재의 요건

1. 풍부하고 다양할수록 좋다. 그래야 선택의 폭이 넓어지고, 글이 풍성해진다.
2. 구체적이어야 한다. 그래야 독창적이고 주장이 뚜렷한 글이 가능하다.
3. 출처가 분명하고 객관적이어야 한다. 그래야 설득력이 있다.
4. 독자의 관심과 흥미를 끌 수 있어야 한다. 그래야 전달력이 향상된다.

제재

제재(題材, subject)는 소재들 중에서 주제와 직접 연결되는 소재를 말한다. 주제를 드러내는 가장 중요한 소재로서, 글감이라고도 한다. 제재는 주제를 구체적으로 뒷받침하거나 소주제가 되기도 한다. 다양한 소재들을 바탕으로 어떤 주제로 글을 쓸 것인지 결정한다. 주제가 결정되면, 다음과 같은 기준을 가지고 제재들을 신중하게 검토하여 선정한다.

제재의 요건

1. 주제를 부각시키고 설득력 있게 뒷받침할 수 있어야 한다.
2. 출처, 근거가 확실하고 객관적이며 합리적이어야 한다.
3. 풍부하고 다양할수록 좋다. 그래야 문장이 다채로워지고 빛깔이 제대로 드러난다.
4. 독창적이고, 극적이며, 친근하여 독자의 관심을 끌 수 있어야 한다.

화두

화두(話頭, topic)라는 말은 TV 대담, 신문기사뿐만 아니라 일상적인 대화에서도 자주 등장하는 단어이다. 화두란 사람들 혹은 어떤 집단에서 자주 거론되고 있는 이야기 제목, 이슈 등을 말한다. 화두는 시대정신과 사람들의 관심사항, 가치관, 역사관을 반영한다. 다음 예를 보면 화두를 쉽게 이해할 수 있다.

1. 최근 대학생들의 화두는 취업이다.
2. 이번 임시국회의 가장 큰 화두는 부동산 문제였다.
3. 21세기 과학계의 화두는 저탄소 녹색성장이다.

필자는 주제와 소재를 설정해 가는 과정에서 화두를 많이 참고한다. 글을 쓸 때 필자는 독자의 관심사항을 이해해야 하고, 독자의 관심사항을 이해하려면 최근 화두에 대한 깊은 이해를 전제로 해야 하기 때문이다. 이렇듯 주제, 소재, 제재, 화두라는 단어의 뜻을 정확히 이해하고 사용하는 일은 글쓰기 과정에서 필수적이다.

주제-소재-제재 관계 및 사례

❶ 고교생활에 대한 글을 쓸 경우

대학생이 되어 고등학교 생활을 돌아보며 글을 쓴다고 가정해 보자. 막상 쓰려고 하면 무엇을 써야 할지 막연하다. 만약 고등학교 생활에서 있었던 일을 이것저것 모두 나열한다면 틀림없이 누구한테나 있음직한 일반적인 이야기로 구성된 재미없는 글이 될 것이다. 이럴 때는 가장 인상 깊었던 일이나 남들이 관심을 가질 만한 것을 끄집어내 구체적으로 이야기를 풀어 나가야 한다. 그래야 실감나게 전달할 수 있고, 읽는 사람도 흥미진진하게 글을 읽을 것이다.

고교생활과 관련된 소재들은 의외로 많다. 땡땡이, 스트레스, 공부, 성적, 야간 자율학습(야자), 부모와의 갈등, 대학 선택, 종교, 학원 등은 모두 고교생활과 관련된 소재들이다. 이 중에서 대학 선택과 부모와의 갈등을 택하여 '자신의 적성에 맞는 대학 선택'이라는 주제로 글을 쓴다고 하자. 주제와 직접 연결되는 대학 선택, 전공, 적성, 부모와의 갈등은 제재가 된다. 만약 야자, 땡땡이, 성적, 공부를 선택한다면 '야간 자율학습과 공부의 효율성'이라는 주제로 글을 쓸 수도 있다. 이때에는 야자, 공부, 성적이 제재가 된다. 이처럼 제재는 소재의 부분집합으로서 주제와 직접 연결된 소재를 말한다. 이들을 도식으로 표시하면 다음과 같다.

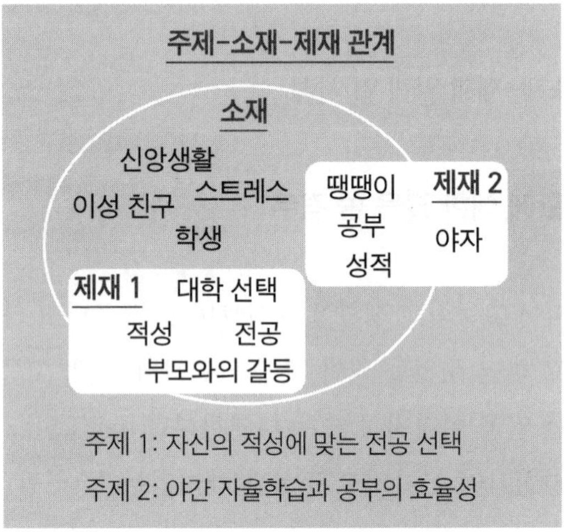

소재 땡땡이, 스트레스, 공부, 성적, 야간 자율학습(야자), 부모와의 갈등, 대학 선택, 종교, 학원, 전공 선택, 교회, 이성 친구, 체력관리 등

주제 1 자신의 적성에 맞는 대학 선택(제재: 대학, 선택, 전공, 적성, 부모와의 갈등)

주제 2 야간 자율학습과 공부의 효율성(제재: 야자, 땡땡이, 성적, 공부)

❷ 기행문을 쓸 경우

취미가 여행인 사람이 글을 쓴다고 가정해 보자. 이곳저곳 다녔던 일만 나열한다면 누구한테나 있음직한 이야기가 되어 독자의 주의를 끌 수 없다. 그저 평범한 글이 될 것이다. 이럴 때는 여행 중 있었던 특별한 일, 독자가 흥미를 가질 만한 내용을 구체적으로 써야 한다. 그래야 글 쓰는 이의 경험과 생각이 생동감 있게 전달되고 독자도 흥미진진하게 읽을 수 있다. 일본 여행을 예로 들어보자.

소재 숙박비, 영어, 의사소통, 기차요금, 신칸센, 일본 음식, 도시락, 날씨, 대중교통, 노천온천, 눈, 패키지 관광, 사원, 신사, 료칸
제재 눈, 노천온천과 료칸
주제 겨울철 료칸에서 즐긴 일본의 노천온천 여행

주제는 좁고 구체적이어야

많은 사람들이 글쓰기를 부담스러워하는 가장 큰 이유는 글 쓰는 목적과 방향을 구체적으로 정하지 못하기 때문이다. 글을 잘 쓰려면 주제가 좁고 구체적이어야 한다. 그래야 필자의 주장과 생각을 명쾌하게 전개할 수 있다. 반면 주제가 넓고 추상적이면 이것저것 누구나 할 수 있는 일반적인 얘기로 채우기 십상이다. 방향 없이 이리 왔다 저리 갔다 하기 일쑤이다. 독자는 일반적이고 상식적인 내용이 아니라 글을 통하여 필자 특유의 주장과 생각을 알고 싶어 한다.

그러기 위해서 필자는 주제를 구체적이고 좁게 잡아야 한다.

대학생들이 글쓰기 할 때 가장 많이 범하는 실수가 일반적이고 추상적인 주제와 내용으로 글을 쓰는 일이다. 여기에는 여러 원인들이 있다. 첫째는 입시 위주의 교육으로 글쓰기 교육을 제대로 받지 못하였기 때문이다. 글쓰기 시간이 절대적으로 적을 뿐만 아니라 글쓰기 시간조차 다른 목적으로 사용되기 일쑤이다. 두 번째는 대부분 생각의 폭과 깊이가 얇기 때문이다. 정치 · 경제 · 사회적 이슈들에 대하여 학생들에게 질문을 하면 무관심한 경우가 많다. 심지어 자신이 좋아하는 분야조차 인터넷에 떠도는 수준 이상의 깊이가 없는 경우가 많다. 개성 있는 글을 쓰기 위해서 우선 가져야 할 덕목은 여러 사회적 이슈들에 대하여 깊은 통찰력을 갖는 일이다. 또한 주제를 구체적이고 좁게 잡아서 글을 쓰는 의식적인 노력이 필요하다. 그래야 글의 초점과 내용이 뚜렷해지고 필자의 주장과 개성이 잘 드러나게 된다.

❸ 세종시 성격에 대한 글

2009년 이후 1년 동안 세종시의 성격에 대하여 국민들 사이에 격렬한 논쟁이 벌어진 적이 있다. 원래 노무현 정부에서 여야합의로 마련한 원안은 6~7개 부처가 세종시로 이전하고 교육기관이 들어서는 행정 중심 복합도시였다. 수도권의 인구과밀로 인한 교통, 주택, 환경문제를 해결하고 수도권과 비수도권의 양극화를 해소하는 국가균형발전전략으로 추진되었다. 이명박 정부는 행정부처 이전은 막대한 행정 비효율을 초래하기 때문에 국가 백년대계를 위해서 백지화하고, 대신에 교육 · 과학 중심의 경제도시를 건설하는 것이 자족기능이 강화되어 더 좋다는 논리를 내세운 적이 있다. 원안, 수정안 모두 충청권, 우리나라 전체를 위해서 좋다고 서로 주장하였다.

원안 행정 중심 복합도시를 원안대로 추진해야 한다.
수정안 교육 · 과학 중심 도시로 수정하여 추진해야 한다.

이렇듯, 동일한 쓸거리를 가지고도 보는 시각, 가치관에 따라서 주장하는 바가 다른 경우가 종종 있다. 이럴 때 어느 주장이 보다 설득력 있는지는 주장의 논리성, 객관성 등 설득력이 좌우한다. 글의 힘, 즉 소통능력이 승부를 판가름한다.

❹ 장래계획

대학 졸업 후 장래계획에 대하여 글을 쓰게 하면, 많은 학생들은 남들이 일반적으로 부러워하는 좋은 직장, 안정적인 직장을 막연히 동경하며 글을 쓴다. 그래서 대부분 구체적이지 못하다. 좋은 직장을 원한다면 구체적으로 어떤 직장이고, 이런 직장에 들어가기 위한 상세한 조건, 이를 달성하기 위한 구체적이고 실현 가능한 실천계획은 무엇인지에 대한 내용이 없는 경우가 많다. 설득력이 당연히 떨어진다. 계획과 달성방안이 구체적이고도 실질적으로 제시되어야 설득력이 있는 충실한 글이 된다.

주제가 이미 주어져 있는 상태에서, 그에 대한 주장을 서술하라고 하는 경우도 마찬가지다. 이 경우에도 자신이 관심을 가지고 있거나 잘 아는 내용으로 범위를 좁혀서 구체적으로 써야 한다. 넓은 범위를 모두 다 쓰려고 하면 필자의 주장과 개성이 드러나지 않는 일반적인 글이 된다. 예를 들면, '미국산 쇠고기 수입 문제'라는 넓은 주제가 주어졌다고 가정해 보자. 이 경우에도 쇠고기의 안전성 여부, 미국산 쇠고기 수입과 한미 FTA의 관련성, 광우병 발병 사례와 미국 쇠고기의 관련성 등 자주 화두로 등장하거나 또는 주변에서 일어나고 있는 실제 사례를 들어가며 실감나게 적어 나가는 것이 필자의 주장을 드러내기 쉽다. 그래야 글쓰기가 쉽고 읽는 사람에게 호소력도 있다.

주제를 명확하게 드러내기 위해서는 글의 시작부터 마무리까지 말하고자 하는 내용, 즉 주제가 적절하게 표현되도록 일관되게 이야기를 이끌어 가야 한다. 글 전체 차원에서 주제가 하나의 통일성을 가지고 물 흐르듯 자연스럽게 연결되어야 한다. 주제를 뒷받침하는 소주제들이 문단과 문단으로 자연스럽게 연결되고, 한 문단 안에서는 소주제를 뒷받침하는 근거나 사례로 여러 문장들이 조화롭게 연결되어야 한다. 그래야 글 전체가 조화를 이루어 독자가 필자의 주장을 정확하고 쉽게 이해할 수 있다. 문단의 구조와 자연스러운 논리전개를 위한 정보배열은 5, 6장에서 그리고 올바르고 조화로운 문장에 대하여는 8, 9장에서 구체적으로 다룰 것이다.

주제는 쉬울수록 좋다. 쓰는 사람이 잘 알고 있는 것으로 주제를 설정해야 자신의 주장과 생각을 자신 있게 써 내려갈 수 있다. 반대로 쓰는 사람이 잘 알지 못하는 내용이라면 적절한 주제를 선정하기 힘들다. 빈약한 지식이나 불충분한 정보를 바탕으로 해서는 독자에게 전달할 자신의 주장과 생각을 펼치기 힘들기 때문이다. 자신이 소화할 수 있는 범위 내에서 쉬운 것으로 주제를 설정하여 자신의 주장과 생각을 자신감 있고 명쾌하게 전달하는 것이 독자의 공감을 얻는 지름길이다.

주제는 또 독자의 흥미를 끌 수 있는 것이어야 한다. 일상생활에서 흔히 듣고 보며 누구나 생각해낼 수 있는 주제는 피하는 것이 좋다. 그저 그런 주제로는 읽는 사람의 흥미를 끌 수 없기 때문이다. 독자의 흥미를 끌기 위해서는 무엇보다 주제가 참신해야 한다. 독창적이고 산뜻한 주제는 독자의 흥미를 쉽게 끌 수 있다. 그러나 참신한 주제를 찾는 일이 그렇게 쉽지는 않다. 주제가 참신하려면 주제를 드러내는 소재가 새로워야 하고 주제를 찾아내는 시각이 독창적이어야 한다.

요약

1. 좋은 글은 잘 읽히는 글이다.
2. 좋은 글은 독자에 초점을 맞춘다.
3. 좋은 글은 쓰는 목적을 분명히 하고, 좁고 구체적인 주제를 다룬다.
4. 주제: 글에서 드러내고자 하는 필자의 중심생각
5. 소재: 글쓰기의 바탕이 되는 원천적이고 기초적인 재료
6. 제재: 주제와 직접 관련되어 글감이 되는 소재
7. 화두: 자주 거론되는 이야기 제목, 이슈들. 시대정신, 가치관, 관심사항을 반영한다.

연습문제

다음에 대하여 글을 쓴다고 가정하고, 각각 소재, 제재, 주제를 생각하여 나열해 보자.

① 여행

② 대학생활

③ 친구

④ 장래계획

4

글쓰기 과정과 구상 방법

교육목표

글쓰기 과정(구상-쓰기-수정)을 이해한다.

말하기와 글쓰기의 차이

말하기와 글쓰기는 의사소통의 주요 수단이라는 공통점이 있지만 차이도 있다. 첫째, 말은 긴급하거나 단순한 정보를 전달하는 데 적절하지만 글은 정보를 정확하게 전달하는 데 더 적절하다. 둘째, 말은 실시간으로 소통이 이루어지지만 글은 일정한 시간에 걸친 독자의 노력이 있어야 소통이 이루어진다. 셋째, 말은 생각을 실시간으로 표현하는 데 적합하지만 글은 생각을 신중하게 정리하여 표현하는 데 적절하다.

말과 글의 이런 차이 때문에 대부분 사람들이 큰 어려움 없이 말은 쉽게 하면서도 막상 글쓰기는 어렵다고 생각한다. 말로 소통할 때는 없던 문제들이 글을 쓸 때에는 나타나기 때문이다. 말할 때는 맞춤법이나 문장부호 등에 대하여 걱정할 필요가 없다. 말은 말하는 사람과 듣는 사람 사이에 실시간으로 소통이 이루어지므로, 잘 이해하지 못하면 질문과 답변을 통하여 수정할 수 있다. 글쓰기는 이런 장점들이 없다.

말하기가 쉽고 글쓰기가 어렵더라도, 글쓰기의 장점과 필요성은 뚜렷하다. 논리적 사고와 표현을 훈련하기에는 글쓰기가 말하기보다 더 적합하다. 글쓰기는 생각을 체계적 · 논리적으로 정리하는 과정을 거쳐야 하기 때문이다. 더구나 대부분 중요한 의사결정은 글로 표현된 문서를 통해 이루어진다. 글쓰기가 말하기보다 더 근본적이고 핵심적인 소통수단일 뿐만 아니라 논리적 사고와 표현을 훈련하는 데 유익하다.

글쓰기 과정은 반복적이다

글은 쓰기 전에 방향과 내용을 기획하고 준비하는 구상 단계가 있고 쓴 뒤에도 제대로 되었는지를 검증하는 수정 단계가 있다. 글쓰기 과정에서 생기는 문제들을 설명하는 가장 이상적인 단어는 오디세이(odyssey)이다. 글쓰기는 흥미진진하고 번쩍이는 새로운 경험들로 가득 찬 여정과 같기 때문이다. 글쓰기 과정은 구상(prewriting), 쓰기(writing), 수정(revising)의 세 단계로 이루어진다.

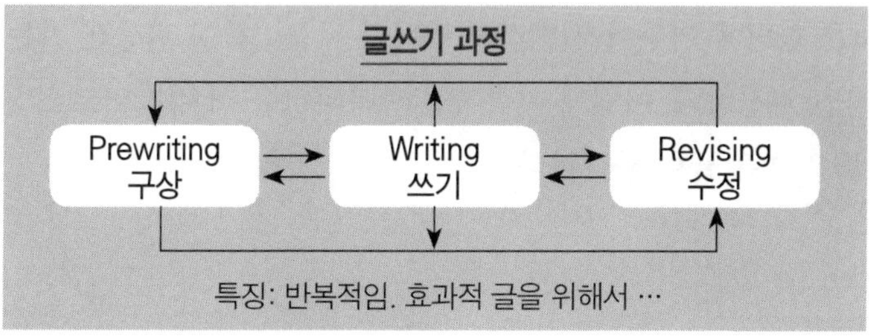

구상은 글을 어떻게 구성하고, 어떤 흐름으로 어떻게 쓸지에 대한 준비와 계획을 세워서 글의 뼈대를 세워 가는 과정이다. 맛있는 요리를 만들기 위해서 신선한 식재료, 양념, 기름, 소금 등을 준비하고 계획하는 것과 같다. 연습과 훈련 없이 음악가가 훌륭한 연주를 할 수 없고, 끊임없는 연습과 훈련이 있어야 운동선수가 최선의 결과를 기대할 수 있듯이 좋은 글은 모두 훌륭한 구상의 산물이다. 글쓰기의 두 번째 단계는 쓰기이다. 이 단계에서는 구상에서 생성된 아이디어들을 정확한 문장으로 표현하고, 문장들을 조직화하여 문단 형태로 배치하는 단계이다. 글쓰기의 세 번째 단계는 수정이다. 쓰기 단계에서 쓴 글들을 다듬고 수정하는 단계이다. 처음부터 완벽한 글을 쓰는 것은 현실적으로 불가능하다. 아이디어를 문장으로, 문단으로 표현하였어도 처음 쓴 글은 거칠고 수정할 곳이 많기 마련이다. 이런 글을 갈고 다듬어서 매끄럽고 세련된 글로 바꾸는 단계이다. 수정 단계에서 새로운 생각, 더 좋은 표현, 문장들이 떠오르기도 한다. 이럴 때는 구상과 쓰기 단계로 다시 돌아가야 한다. 글 쓰는 동안 많은 고민을 통해 새로운 생각과 이를 뒷받침하는 문장들을 다듬고, 새로운 방법으로 문단을 재구성해 보는 등 더 좋은 표현, 더 세련된 글이 되도록 부단히 노력해야 한다. 즉 글쓰기 과정(구상–쓰기–수정)은 한번에 이루어지는 것이 아니라 되풀이하여 완성해 가는 반복적인 과정이다. 이렇게 지속적인 반복과정을 거쳐야 비로소 완성도 높은 좋은 글이 완성된다.

구상을 통하여 아이디어 이끌어 내기

실제 글을 쓸 때, 어떻게 시작해야 할지 모르는 경우가 대부분이다. 글을 써 본 경험이 적어서 낯설게만 느껴진다. 왜 글쓰기가 어려울까? 어떤 사람은 주제에 대하여 쓰고 싶은 것이 너무 많아서 이들을 어떻게 조직하고 정리하여 글로 표현할지 모른다. 어떤 사람은 완성된 글에서 나타내고자 하는 비전과 자신이 갖고 있는 아이디어가 너무 보잘 것 없어서 겁먹기도 한다. 또 어떤 사람은 무엇을 써야 할지 전혀 모르는 경우도 있다. 각기 다른 이유들로 많은 사람들이 글쓰기를 두려워한다. 그러나 차근차근 구상을 통하여 글쓰기를 두렵게 하는 문제들을 하나씩 해결할 수 있다. 여기서는 구상의 테크닉으로 사용하는 자유롭게 쓰기(freewriting), 브레인스토밍(brainstorming), 묶기(clustering), 가지치기(branching), 메모하기와 같은 개념을 이해하고 활용하는 방법을 다룬다.

❶ 자유롭게 쓰기

대략 10분 정도의 시간 동안 주제에 대하여 떠오르는 모든 아이디어들을 적는다. 비록 주제에서 빗나가거나 오류를 포함한다 해도 상관하지 말고 모든 아이디어들을 적는다. 더 이상 생각할 수 없다, 또는 생각이 막혔다 해도 그런 말까지도 그대로 적는다. 이런 자유롭게 쓰기(freewriting) 구상 테크닉은 필자의 내면에 있는 아이디어들을 떠올리고 이들이 자유롭게 흐르는 것을 돕는다. 컴퓨터에 생각나는 아이디어들을 적는 것도 좋은 freewriting의 한 방법이다. 다 적은 다음 적은 내용들을 다시 보면서 가장 중요하거나 제일 좋은 아이디어들에 원을 그리든지 밑줄을 긋는다. 그들이 훌륭한 글감이 되는 것을 알게 된다. 비록 freewriting 테크닉에서 얻은 좋은 아이디어들이 잘 다듬어지지 않은 거친 모습일지라도 글 쓰는 데 훌륭한 소재로서의 가치가 있다. 좋은 아이디어에 대하여 또다시 freewriting을 함으로써 이들 아이디어를 더욱 구체적으로 발전시킬 수 있다.

독도는 해발 168m이나, 해저에서부터 측정하면 2,268m가 된다. 해수면 위에 보이는 독도는 7%에 불과하고 해수면 아래가 93%나 된다. 글쓰기와 인생도 마찬가지다. 우리가 생각하는 것 이상으로 표면 밑에 안 보이는 부분이 많다. 구상에서 사용하는 freewriting은 우리의 잠재의식에 있는 아이디어들을 이끌어 내는 하나의 좋은 방식이다.

연습문제

1. 대학생활, 취업, 고독, 돈과 관련하여 떠오르는 아이디어들을 자유롭게 적어 보자.
2. freewriting에서 얻은 가장 유력한 아이디어들을 선택하여 밑줄을 그어 보자.
3. 유력한 아이디어들 중 가장 좋은 것을 별도의 종이에 적는다. 이 아이디어에 대하여 freewriting을 세 번 반복하여 실시한다.

❷ 브레인스토밍

브레인스토밍(brainstorming)은 주제에 집중하고 주제와 직접 관련된 모든 아이디어들을 적는 방식이다. 따라서 freewriting보다는 좀 더 초점 있는 구상방법이다. 브레인스토밍은 여러 사람들과 함께 할 수 있어서 기업에서 자주 활용하지만, 개인이 혼자서 글쓰기 과정 전반에도 활용할 수 있다. 브레인스토밍에서 떠오른 하나의 아이디어는 또 다른 창의성을 일깨워서 다른 아이디어들을 떠올리게 하기도 한다. 브레인스토밍은 주제와 직접 관련된 아이디어들만을 적기 때문에 freewriting보다는 아이디어 개수는 적지만 나온 아이디어들은 서로 연결이 된다. 구체적으로 브레인스토밍을 진행하는 요령은 다음과 같다.

① 창출된 아이디어를 비판하거나 평가하지 않는다.
② 아이디어가 거칠어도 수용한다.
③ 아이디어의 수가 많을수록 좋다.
④ 이미 제안된 아이디어로부터 새로운 아이디어를 이끌어낼 수도 있다.

여러 사람이 함께 브레인스토밍을 진행할 때는 다음과 같이 진행한다.

① 토의 진행자와 기록자를 선정한다.
② 진행자는 참여자들에게 간단한 주제를 제시하고 워밍업을 시킨다.
③ 주제를 한두 단어로 요약하고 이 단어에서 새로운 단어를 연상하도록 유도한다.
④ 연상된 단어에서 다시 새로운 단어를 연상하여 기록하는 과정을 몇 차례 반복한다.
⑤ 창출된 아이디어를 함께 보며 평가 시간을 갖고 가장 좋은 아이디어를 찾는다.

자유롭게 생각하고 토의한 것을 정리하는 과정에서 창의적이고 적절한 아이디어를 얻을 수 있고 토론과 대화기술을 함양시킬 수도 있다.

연습문제

1. 건강, 휴가, 취업에 대하여 브레인스토밍해 보자.
2. 결과 중, 유력한 아이디어들에 밑줄을 그어 보자.
3. 최적의 아이디어를 선정하고, 이를 활용하기 위하여 필요한 세 개의 세부내용을 적어 보자.

❸ 묶기

묶기(clustering)는 종이 한가운데에 일반적인 아이디어를 적고 이와 관련된 새 아이디어들이나 세부 내용들을 적어 나아가면서 관련된 아이디어들을 연결해 가는 구상 테크닉이다. 이끌어 낸 아이디어들을 시각적으로 연결하는 것을 강조한 구상 테크닉이다. 주제와 관련된 모든 아이디어들이 나올 때까지 이런 과정을 계속한다. 최종 결과물은 아이디어들과 사례들의 모음이 된다. 가장 유력한 아이디어들은 밑줄을 치든지 원을 그리든지 하여 따로 표시한다. 습관에 대하여 묶기를 하면 다음과 같다. 묶기를 통하여 언어습관이라는 구체적 결과물도 쉽게 도출할 수 있다.

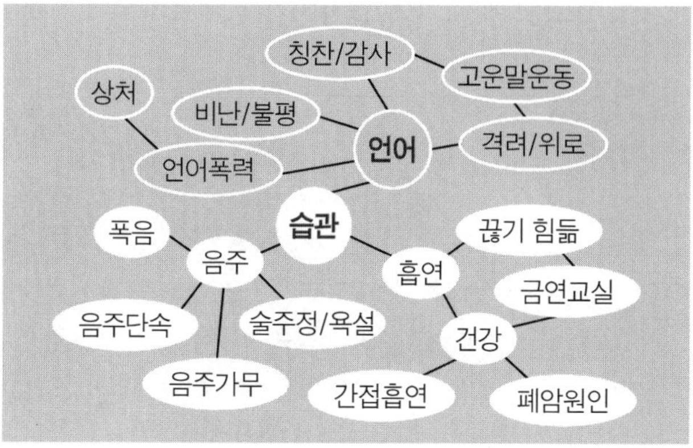

연습문제

1. 스포츠, 지구온난화, 이성 친구, 연예인, 대학생활을 주제로 묶기를 해보자.
2. 가장 관심 있는 사례, 아이디어들에 밑줄을 긋거나 원을 그려 보자.
3. 가장 유력한 아이디어를 선정하고 이에 대한 상세내용 세 개를 적어 보자.

❹ 가지치기

가지치기(branching)는 종이 맨 왼쪽에 주제를 적은 다음, 주제와 관련된 아이디어들을 오른쪽에 적어 가기를 반복해 가는 구상 테크닉이다. 가지치기는 묶기처럼 관련된 아이디어들 중 연결을 강조하는 또 다른 테크닉이다. 왼쪽에서 오른쪽으로 가지치기를 계속하고 완성된 최종 결과물을 보고, 가장 유력한 아이디어들을 강조하여 표시한다. 한 예로 스포츠에 대하여 가지치기를 해보자.

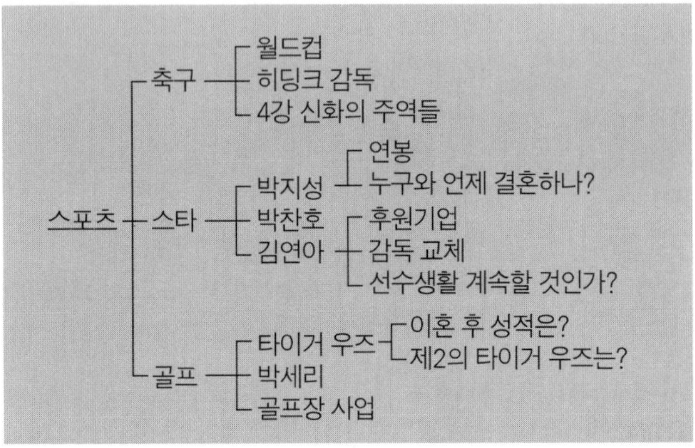

가지치기는 주제의 한 측면에서 보다 상세한 내용으로 안내하는 강점이 있다. 또한 각 가지는 상호 연관된 아이디어들을 가지고 있어서 글 주제의 한 특정 부분에 집중할 수 있게 하는 장점이 있다. 그리고 나머지 부분은 또 다른 글감으로 남겨둘 수 있다.

연습문제

1. 권력, 좌절, 주말 보내기에 대하여 가지치기를 해보자.
2. 좀 더 발전시키고 싶은 가지를 선정하여 세 개의 상세한 내용을 적어 보자.

메모하기는 메모장, 업무일기책의 특정 부분, 혹은 컴퓨터를 이용하여 가끔씩 혹은 정기적으로 아이디어들을 기록하는 방법이다. 이렇게 지속적으로 메모하는 습관은 말하고 생각하는 것처럼 글쓰기가 자연스럽게 되는 가장 좋은 방법이다. 다른 사람에 대한 자신의 감정, 중요한 이슈에 대한 자신의 생각을 적는 습관은 글쓰기 구상의 확실한 방법이다.

지금까지 언급한 구상의 테크닉들 — freewriting, 브레인스토밍, 묶기, 가지치기, 메모하기 — 은 모두 활용해야 하는가? 답은 물론이다. 각 테크닉을 모두 시도해 보고 가장 적절한 방법을 사용하는 것이 좋다. 필요하면 각 테크닉을 혼합한 형태로 해도 된다. 자유롭게 구상의 테크닉을 활용하는 것이 최선의 방법이다. 구상 테크닉은 주제, 소재를 정할 때뿐만 아니라 문단 쓰기, 수정 단계에서도 유용하게 활용할 수 있다.

쓰기

쓰기(writing)는 필자의 생각들을 올바른 문장과 문단으로 배열하고 정리하는 과정이다. 일반적으로 필자는 처음부터 아이디어를 독자 중심 글(reader centered writing)로 완벽하게 표현하지 못한다. 대부분 다른 사람은 이해하지 못하고, 필자만 이해할 수 있는 거칠고 세련되지 않은 필자 중심 글(writer centered writing)로 표현되기가 일쑤다. 필자는 맞춤법, 문장 사이의 조사 등을 신경 쓰지 않고 생각들을 글로 옮기는 데만 신경 쓴다. 자연스럽게 처음 쓰는 초고는 쓰는 사람 위주로 되는 경향이 있다. 초고는 필자의 주제에 대한 지식, 정보들에 의하여 좌우된다. 필자의 생각과 주장들을 글로 표현하고, 주장들을 입증하기 위하여 이유나 근거, 설명, 사례, 인용 등을 활용한다. 문단, 논리전개, 문장 구조 등에 대하여는 다음 장들(5장~9장)에서 보다 자세히 다룰 것이다.

수정

글쓰기에 대하여 하나 확실한 것은 한번에 걸작을 쓸 수 없다는 점이다. 최상의 작품은 생각, 시간, 그리고 인내를 요구한다. 처음으로 쓴 글(원고 또는 초고)은 단지 시작일 뿐이다. 필자는 초고를 가다듬고 세련되게 수정(revising)해야 한다. 즉 필자의 생각들을 글로 표현하고 나면, 이제 독자 중심 글(reader centered writing)로 바꾸는 작업을 한다. 독자의 입장에서 어떤 내용이 언제 나오는 것이 좋은지, 논리전개가 자연스러운지 등 신경 쓰면서 수정한다. 독자의 지적 수준, 관심도를 고려하여 필요한 것, 필요하지 않은 것, 빼야 할 것, 보충할 것 등을 구별하면서 수정한다. 즉 설명이 부족하여 주제가 부각되지 못하였거나, 근거가 부족하여 논리적 비약이 있는 부분들은 부족분을 채울 수 있도록 내용을 보충해야 한다. 또 글을 쓰다 보면 설명이 반복되는 부분, 내용이 분명하지 않은 부분, 주제에서 벗어난 부분, 표현이 애매모호하여 혼란을 일으킬 수 있는 부분들이 있다. 이러한 부분들은 과감히 삭제해야 한다. 또 쓰기에서는 미처 발견하지 못하였으나 내용이나 표현을 개선할 부분, 보다 정확하고 새로운 정보들로 바꿔야 할 부분들이 있곤 한다. 이럴 때에는 보다 정확한 내용, 표현들로 바꾸는 것이 좋다. 또 글의 흐름이 끊어진 부분, 문단, 문장들이 뒤엉켜서 논리전개가 잘못된 부분들도 있다. 이러한 부분들은 재배열을 통하여 수정한다. 더 나아가 독자를 감동시킬 수 있는 내용, 비유 등을 삽입하기도 한다. 마지막으로 맞춤법, 띄어쓰기, 적절한 부호 사용, 인용을 점검한다. 수정은 한마디로 자기 고백적 표현(self expression)을 독자와의 소통(communication)을 중시하는 표현으로 바꾸는 단계이다.

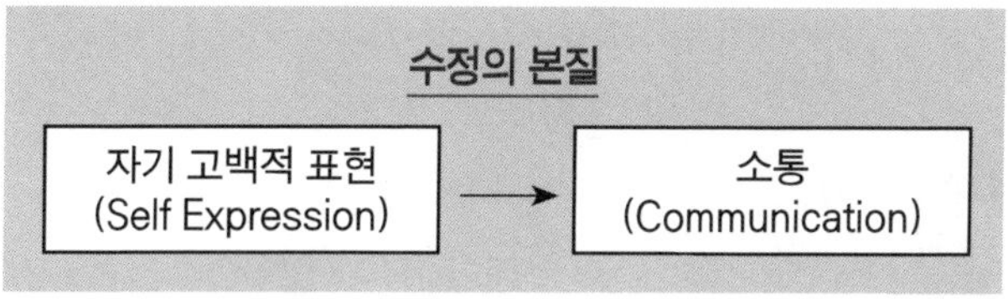

수정은 실제로는 재분석, 고쳐쓰기, 편집을 포함하는 말이다. 재분석은 통일성, 일관성, 적합한 언어를 의미한다. 고쳐쓰기는 어떤 불필요한 부분을 제거하든지 또는 필요한 부분을 첨가하든지를 뜻한다. 편집은 아직도 남아 있을 실수를 제거하기 위해서 하는 마지막 점검을 의미한다. 수정 과정을 도표로 표시하면 다음과 같다.

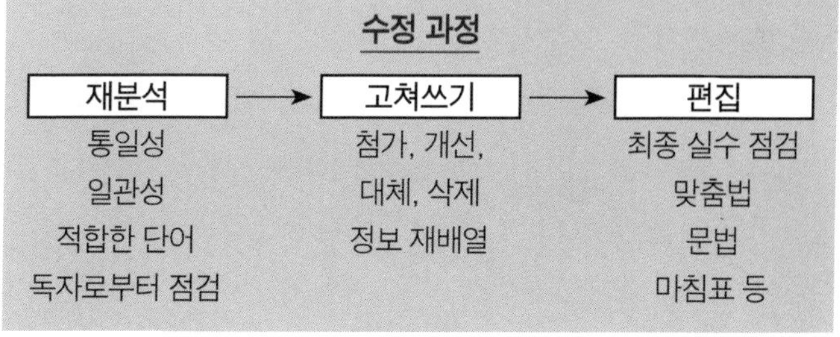

재분석은 문단을 작성하고 하루, 이틀 후에 다시 새로운 눈으로 보면 통일성, 일관성, 적합성의 측면에서 개선점을 발견하게 된다. 가장 좋은 재분석은 동료, 가족 구성원, 친구 등 잠재 독자가 초고를 읽은 후 결과를 진술하게 필자에게 알려 주는 것이다. 다음과 같은 독자 평가 항목에 답을 한 다음 이를 가지고 논의하는 것이 효과적이다.

독자 평가 항목

1. 당신은 필자가 전달하고자 하는 주제를 이해합니까?
2. 당신은 필자가 글 전체에서 주제에 집중하였다고 봅니까?
3. 필자의 생각, 사례가 서로 연결되어 있고 이해하기 쉽습니까?
4. 필자가 사용한 단어가 독특하고 간결합니까?
5. 필자가 무엇을 바꿔야 한다고 봅니까?

이렇게 재분석을 한 다음 원고를 고쳐 쓴다. 최종적으로 맞춤법, 문장부호, 인용, 시제, 주어/서술어 호응 등을 점검하고 교정한다.

요약

1. 글쓰기 과정은 구상-쓰기-수정의 세 단계로 이루어지며, 이 과정은 반복적이다.

2. 구상은 글의 주제를 구성하는 아이디어들을 이끌어 내는 과정으로 freewriting, 브레인스토밍, 묶기, 가지치기, 메모하기가 있다.

   ① 자유롭게 쓰기(freewriting) 완성 정도, 정확도 등을 신경 쓰지 않고 주제에 대하여 생각나는 대로 떠오르는 것들을 일정 시간동안 적어 가는 방법

   ② 브레인스토밍(brainstorming) 주제에 초점을 맞추고 마음속에 떠오르는 아이디어들을 적는 방법

   ③ 묶기(clustering) 종이 가운데 일반적인 아이디어를 적어 원을 그린 다음, 관련된 아이디어들을 이끌어 내 원을 그리며 관련된 아이디어 묶음을 연결하는 방법

   ④ 가지치기(branching) 종이 왼쪽에 주제를 적고, 주제와 관련된 아이디어들을 오른쪽으로 적어 가는 방법. 가지치기로 생성된 아이디어들을 선으로 연결하는 방법

   ⑤ 메모하기 별도의 노트에 새로운 아이디어들, 수업시간에 제기된 사항에 대한 자신의 견해, 혹은 자신에게 중요한 이슈에 대한 생각 등을 적는 방법

3. 쓰기는 필자의 생각들을 자기 고백적인 글로 표현하는 과정이다.

4. 수정은 독자에 초점을 맞추고 자기 고백적 표현을 소통 중심의 표현으로 바꾸는 과정이다. 내용을 첨가, 삭제, 대체, 재배열한다.

연습문제

1. 버려야 할 습관, 우정, 이상적인 이성 친구에 대하여 구상 테크닉을 활용하여 핵심 아이디어들을 도출해 보자.
2. 도출된 아이디어를 다른 사람이 구체적으로 이해할 수 있도록 필요한 사례 세 개를 적어 보자.
3. 이런 주제로 글을 쓸 때 글 쓰는 목적이 무엇인지 적어 보자.

5

문단 I:
문단의 기본구조와 문단 쓰기 과정

교육목표

1. 문단 쓰기는 글쓰기의 기본이다.
2. 문단의 기본구조를 이해하고 문단 쓰기 과정을 익힌다.

문단은 하나의 주제를 전개하기 위하여 연결되어 있는 문장들의 집합 형태이다. 문단은 세 개 이하의 문장들로 구성되기도 하나, 일반적으로 5~10개의 문장들로 되어 있다. 글(주로 논설문)이 하나의 주제를 다루듯이, 문단은 주제와 관련된 몇 개의 작은 주제(소주제)를 다룬다. 소주제 하나하나가 유기적으로 연결되어서 글 전체 주제와 연결되듯이 여러 문단들이 모여서 짜임새 있는 전체 글이 된다. 글 전체가 하나의 주제를 다루는 큰 덩어리라면, 문단은 주제와 관련된 소주제를 다루는 작은 덩어리가 되는 셈이다.

글쓰기에서 가장 중요하고 기본이 되는 것은 문단을 잘 구성하고 작성하는 일이다. 대부분 TW에서는 글의 제목과 소제목이 정해져 있는 경우가 많기 때문이다. 자기소개서는 지원동기, 성장배경, 업무적합성, 장래희망 등 소제목에 맞게 문단을 작성하면 된다. 연구제안서도 연구배경, 필요성, 목적, 추진전략, 기대효과, 예산 등 양식과 틀이 정해져 있다. 사업제안서를 비롯한 각종 제안서와 보고서의 경우도 비슷하다. 그러므로 문단을 작성하는 기본적인 실력만 있으면 글쓰기에 대한 두려움을 상당 부분 해소할 수 있다. 직장생활에 필요한 글쓰기 문제도 해결할 수 있다.

글에서 문단을 구분하는 방법에는 두 가지 방식이 있다. A처럼 새로운 문단을 시작할 때 몇 글자(보통 1~3글자)를 비우고 시작하는 방법과 B처럼 아예 한 줄을 비우는 방법이 있다. 신문처럼 지면을 최대한 활용하는 글쓰기에서는 A방식을 이용하고, 제안서, 편지, 보고서, 논설문 등에서는 B방식을 일반적으로 이용하나, 어떤 방식을 선택

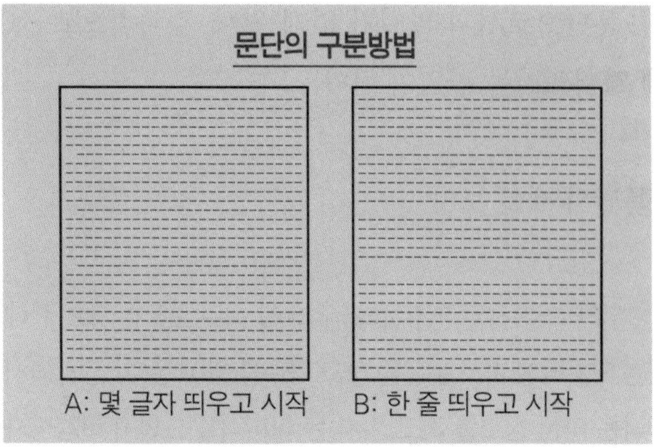

할지에 대하여 정해진 규칙은 없다. 필자의 취향에 따른 개인적 선택사항이다. 그러나 B방식이 문단을 보다 확실히 구분할 수 있기 때문에 저자는 B방식을 선호한다.

한 문단은 한 소주제를 다룬다

한 문단 = 한 소주제: one paragraph = one topic

한 편의 글이 하나의 주제를 다루어야 필자의 초점이 분명히 드러나듯이, 한 문단은 글 전체 주제와 밀접하게 관련된 하나의 소주제만을 다룬다. 그래야 문단의 초점이 분명해진다. 한 문단에서 여러 개의 소주제나 서로 연결되지 않은 내용들을 다루면 뒤죽박죽된다. 문단의 초점이 흐려질 뿐만 아니라 전체 내용과 관련해서도 혼란이

초래된다. 문단으로서의 의미가 없게 된다. 결과적으로 소통능력을 급격하게 떨어뜨리는 원인이 된다.

다음 두 문단의 예를 보자.

> 1 우리 집 아침은 분주하다. 우리 집 식구 모두는 매일 동네 뒷산에 있는 약수터에 가서 운동을 하고 약수를 받아 온다. 집에 와서 아버지와 나는 아침 청소를 하고, 누나는 어머니를 도와서 아침식사를 준비한다. 아침식사가 끝나자마자 아버지는 출근하시고 누나와 나는 학교로 향한다.

> 2 우리 집 아침은 분주하다. 아침에 상쾌한 공기를 마시며 약수터에서 운동하는 것은 건강에 이롭다. 건강은 그 어느 것보다 소중하므로 잘 지켜야 한다. 아파서 고생하는 사람을 보면 안쓰러워진다.

1은 분주한 아침을 보내는 식구 모습이 짜임새 있게 잘 나타나 있으나, 2는 각 문장이 지향하는 것이 각각 다르기 때문에 통일성이 없고 산만한 느낌을 준다. 하나의 주제를 다루지 않고 여러 내용을 한 문단에 다루기 때문에 나타나는 현상이다.

이렇듯 한 문단을 구성하고 있는 문장들은 서로 논리적으로 긴밀하게 연결되어서 하나의 소주제에 초점을 맞추어야 한다. 그래야 글의 통일성과 연결성을 확보할 수 있고, 중심생각이 명쾌하게 전달된다. 하나의 문단에서는 하나의 소주제만을 집중적으로 다루어야 한다.

문단의 기본구조

문단의 기본구조

중심문장	+	뒷받침문장들	+	마무리문장
Topic Sentence	+	Supporting Sentences	+	Closing Sentence

문단은 여러 문장들로 되어 있지만 각 문장은 하나의 소주제를 효과적으로 전달하기 위해 각각 그 역할이 있다. 하나의 문단은 중심문장, 뒷받침문장(들), 그리고 마무리문장으로 되어 있다.

중심문장(topic sentence)은 문단에서 중심생각, 즉 소주제를 전달하는 기능을 한다. 중심문장을 문단 맨 앞에 놓으면 두괄식, 맨 뒤에 놓으면 미괄식, 앞과 뒤에 모두 놓으면 양괄식이라고 부른다. 문학적인 글에서는 미괄식이 자주 쓰인다. 흥미 있게 지속적으로 관심을 끌고 가기 때문이다. 그러나 오늘날 의사소통을 목적으로 하는 글쓰기, 제안서, 보고서, 신문기사, TV 뉴스 등의 TW에서는 두괄식을 사용한다. 독자가 문단의 내용과 방향을 즉각적으로 알 수 있을 뿐만 아니라 필자의 의도나 중심생각이 명쾌하고 강력하게 드러나기 때문이다.

뒷받침문장(supporting sentence)은 이유나 근거를 가지고 중심생각을 설득력 있게 뒷받침하는 기능을 한다. 뒷받침문장은 한 문장인 경우도 있으나 보통 2~4문장들로 이루어진다. 중심생각을 뒷받침하기 위해서는 2~4개의 이유, 근거나 예시를 제시하는 것이 보다 설득력 있는 경우가 대부분이기 때문이다.

마무리문장(closing sentence)은 문단의 맨 뒤에 위치하여 문단을 마무리하는 결론 부분의 기능을 한다. 이렇듯 하나의 소주제가 효과적으로 표현되도록 문단은 중심문장, 뒷받침문장(들), 그리고 마무리문장으로 구성되어 있다.

신문기사는 TW의 가장 좋은 사례 중 하나이다. 다음 예를 통해 문단의 기본구조에 대하여 분석해 보자.

> 예3 실패를 인정하지 않는 사회 분위기부터 먼저 뜯어고쳐야 한다. 우리 사회는 한 번 실패한 사람에겐 좀처럼 재기의 기회를 주려고 하지 않는다. 그러면 안 된다. 미국 실리콘밸리는 성공이 아닌 실패의 요람이다. 개인의 역량으로 실패하는 경우는 30~50%밖에 안 된다. 내가 아무리 열심히 해도 외부 영향에 의해 결과가 나쁘게 나올 수 있는 확률이 더 높다는 얘기다. 실패한 사람이 곧 무능한 사람은 아니다.
>
> (월요인터뷰) 안철수 카이스트 교수 기사 중에서, 한국일보, 2009. 12. 14

이 문단의 구조를 분석해 보면 다음과 같다.

중심문장 실패를 인정하지 않는 사회 분위기부터 먼저 뜯어고쳐야 한다.

뒷받침문장들 우리 사회는 한 번 실패한 사람에겐 좀처럼 재기의 기회를 주려고 하지 않는다. 그러면 안 된다. 미국 실리콘밸리는 성공이 아닌 실패의 요람이다. 개인의 역량으로 실패하는 경우는 30~50% 밖에 안 된다. 내가 아무리 열심히 해도 외부 영향에 의해 결과가 나쁘게 나올 수 있는 확률이 더 높다는 얘기다.
마무리문장 실패한 사람이 곧 무능한 사람은 아니다.

4 실패를 어떻게 처리하느냐에 따라 그 사회의 경쟁력이 결정된다. 실리콘밸리에서도 100개 기업 중에 99개는 실패한다. 하지만 외부적인 요인으로 실패한 사람에게 기회를 계속 주는 게 바로 실리콘밸리의 힘이다. 특히 성공한 기업들의 공통점만 따서 기업들에게 반영하는 것은 정말 어리석은 짓이다. 반드시 실패한 기업들의 단면을 뒤돌아봐야 한다.

(월요인터뷰) 안철수 카이스트 교수 기사 중에서, 한국일보, 2009. 12. 14

중심문장 실패를 어떻게 처리하느냐에 따라 그 사회의 경쟁력이 결정된다.
뒷받침문장들 실리콘밸리에서도 100개 기업 중에 99개는 실패한다. 하지만 외부적인 요인으로 실패한 사람에게 기회를 계속 주는 게 바로 실리콘밸리의 힘이다. 특히 성공한 기업들의 공통점만 따서 기업들에게 반영하는 것은 정말 어리석은 짓이다.
마무리문장 반드시 실패한 기업들의 단면을 뒤돌아봐야 한다.

5 빌 클린턴 전 미국 대통령의 평양 방문은 세계의 관심을 끌기에 충분했다. 전직 대통령에다 현 국무장관의 남편이라는 신분, 게다가 2000년 대통령 재직 말기에 평양 방문까지 고려했던 사실을 감안하면 이번 방북의 비중이 더욱 커 보인다. 많은 사람이 이제 무엇인가

북미 간에 돌파구가 열리지 않을까 기대하는 것도 무리는 아니다.

윤영관 기고문, 중앙일보, 2009. 8. 7

중심문장 빌 클린턴 전 미국 대통령의 평양 방문은 세계의 관심을 끌기에 충분했다.
뒷받침문장들 전직 대통령에다 현 국무장관의 남편이라는 신분, 게다가 2000년 대통령 재직 말기에 평양 방문까지 고려했던 사실을 감안하면 이번 방북의 비중이 더욱 커 보인다.
마무리문장 많은 사람이 이제 무언가 북미 간에 돌파구가 열리지 않을까 기대하는 것도 무리는 아니다.

예6 박지성은 스스로 위기를 이겨냈다. 2월 11일 아스널전에서 40m를 질주한 끝에 시즌 첫 골을 만들어 냈다. 영국 언론이 박지성을 재조명하기 시작했다.

중심문장 박지성은 스스로 위기를 이겨냈다.
뒷받침문장들 2월 11일 아스널전에서 40m를 질주한 끝에 시즌 첫 골을 만들어 냈다.
마무리문장 영국 언론이 박지성을 재조명하기 시작했다.

연습문제

1. 다음 문단의 구조를 분석해 보자.

기축통화로서 달러의 위상이 크게 흔들리고 있다. 달러 가치 하락으로 금값이 치솟으면서 온스당 1,050달러를 오르내리는가 하면 중국, 러시아 등은 기축통화로서 달러의 위상을 재검토할 것을 요구하고 있다. IMF와 세계은행도 새로운 기축 통화 체제를 검토하기 시작했다. 달러 시대가 막을 내리는 대전환기에 들어선 것은 분명해 보인다.

2. 신문, 인터넷에서 잘된 문단을 골라서 중심문장, 뒷받침문장, 마무리문장을 분석해 보자.

중심문장: 필자의 의도를 간결하고 명쾌하게 드러낸다

중심문장은 주제에 대한 필자의 의도나 태도를 암시하는 중심생각을 간결하고 명쾌하게 드러낸다. 문단에서 전개할 필자의 의도를 간결하고 명쾌하게 드러냄으로써 문단의 방향과 톤을 암시한다. 따라서 중심문장이 구체적이고 간결하고 명쾌할수록 필자의 의도는 독자에게 잘 전달된다.

예7 5년 전 정동진 해변에서의 해돋이는 내가 본 가장 아름다운 광경이었다.

정동진 해돋이는 주제이고 '내가 본 가장 아름다운 광경이었다.'는 필자의 의도 내지는 반응이다. 문단의 뒷부분을 암시하는 내용을 담고 있다.

이렇듯 중심문장을 분석하면 주제에 대하여 필자의 의도나 태도를 암시하는 내용을 발견할 수 있다.

연습문제

1. 다음 중심문장들에서 주제와 필자의 반응 또는 태도를 분석해 보자.
   ① 대부분 사람들은 장래계획을 하는 데 충분한 시간을 소비하지 않는다.
   ② 모든 체육특기자들이 가난한 학생은 아니다.
   ③ 매서운 겨울 날씨는 가난하고 나이 많은 사람들에게 특히 힘들다.
   ④ 좋은 의사소통능력은 대인관계 발전의 핵심이다.
2. 다음 주제를 가지고 자신의 의도, 반응을 포함하는 중심문장을 만들어 보자.
   주식투자 / 최저임금 인상 / 진정한 우정
3. 일반적인 중심문장을 자신의 의도나 반응이 포함된 구체적이고 간결한 중심문장으로 바꿔 보자.
   나는 운동을 좋아한다. / 과학은 재미있다. / 대중교통은 중요하다.

다음 두 예문을 비교해 보자.

8 내 고향 대전은 주위가 산으로 둘러싸여 있는데, 동쪽으로는 계족산, 남쪽으로는 보문산, 서쪽으로는 계룡산, 북쪽으로는 금병산이 있고, 시내를 관통하는 유등천, 갑천, 대전천이 있다.

9 내 고향 대전은 주위가 산으로 둘러싸여 있다. 동쪽으로는 계족산, 남쪽으로는 보문산, 서쪽으로는 계룡산, 북쪽으로는 금병산이 있다. 그리고 시내를 관통하는 유등천, 갑천, 대전천이 있다.

8의 중심문장은 여러 내용들을 담고 있다. 중심생각과 뒷받침생각들을 한 문장으로 쓰다 보니 초점이 흐려지고 헷갈린다. 반면 ❽9는 중심문장과 뒷받침문장들로 나누었다. 중심문장은 간결하고 명쾌하여 주장이 잘 드러난다. 뒷받침문장들도 중심문장과 잘 연결되어 글의 흐름이 자연스럽다. 이렇듯 중심문장은 간결하고 명쾌해야 중심생각이 선명하게 드러난다. 중심문장은 다음과 같은 조건들을 마음에 두고 작성해야 한다.

중심문장

① 문단의 중심생각을 요약하며 필자의 의도나 방향을 암시하는 문장이다.
② 글 전체 주제와 밀접하게 관련 있어야 한다.
③ 간결하고 명쾌해야 한다.
④ 문단의 흐름과 전개를 암시하는 문장으로, 문단의 맨 앞에 나온다.

뒷받침문장: 주제를 설득력 있게 구체적으로 뒷받침한다

중심문장을 읽으면 당연히 독자들은 중심문장에 나와 있는 주장의 근거나 이유에 대하여 궁금해 한다. 이러한 궁금증을 해소하기 위한 글들이 바로 뒷받침문장들이다. ❽9에서 보듯이 '내 고향 대전은 주위가 산으로 둘러싸여 있다'라는 중심문장을 읽고 나면, "대전 주위에 있는 산이 무엇이지?" 하는 의문이 자연스럽게 생긴다. 따라서 중심문장을 뒷받침하거나 자세히 설명하는 문장이 나오면 이런 의문은 해결된다.

중심문장 내 고향 대전은 주위가 산으로 둘러싸여 있다.
뒷받침문장들 동쪽으로는 계족산, 남쪽으로는 보문산, 서쪽으로는 계룡산, 북쪽으로는 금병산이 있다. 그리고 시내를 관통하는 유등천, 갑천, 대전천이 있다.

중심문장을 뒷받침할 수 있는 아이디어들을 freewriting, 브레인스토밍, 묶기, 가지치기 등 다양한 구상 테크닉을 활용하여 뒷받침문장들을 체계적으로 작성한다.

뒷받침문장

① 중심문장 다음에 나오며, 문단의 몸통을 이룬다.
② 중심생각을 지지하거나 발전시키는 역할을 하는 문장들이다.
③ 이유나 근거를 들어서 중심생각을 설득력 있게 뒷받침한다.
④ 구체적 사례, 사실을 들어서 이유나 근거를 분명하게 한다.

연습문제

1. 다음 중심문장들을 뒷받침하기 위해서 각각 세 개의 아이디어들을 적어 보자. 아이디어를 생성하기 위해 필요하면 제4장에서 배운 구상 테크닉을 이용하라.
   ① 소비자들은 텔레마케팅 사기를 피하기 위해 조심해야 한다.
   ② 치매환자들 자신보다 치매환자 가족들이 더 고통을 겪는다.
2. 1에서 얻은 세 개의 아이디어들을 활용하여 각각 뒷받침문장들을 만들고, 배열 순서를 정해 보자.

마무리문장: 문단에서 다룬 중심생각을 요약하는 문장이다

마무리문장은 중심문장에서 제기한 의도나 주장을 상기하면서 필자가 결론을 표현하는 문장이다. 햄버거를 예로 들어 마무리문장을 설명해 보자! 햄버거는 맨 위에 빵이 있고 중간에 고기, 치즈, 상추, 양파 등 내용물이 있고 맨 밑에 또 빵이 있다. 위에 있는 빵은 중심문장, 중간 부분은 뒷받침문장들, 아래 빵은 마무리문장을 의미한다. 햄버거에서 위아래 빵이 고기, 야채 등 중간부분을 붙들고 있듯이 문단에서도 중심문장과 마무리문장이 뒷받침문장들을 붙들고 있다. 여기서 주목할 것은 마무리문장이 중심문장과 비슷하지만 동일하지는 않다는 점이다. 문단에서 마무리문장을 가끔 생략하는 경우도 있긴 하지만 마무리문장을 꼭 쓰는 습관을 기르는 것이 좋다. 그래야 문단이 대부분 깔끔하게 정리된다.

마무리문장

① 문단의 마지막 문장이다.
② 문단의 중심생각을 다시 강조하는 문장이다.
③ 필자가 하고 싶은 주장으로 문단을 마무리한다.

문단 쓰기 과정 요약

지금까지 중심문장, 뒷받침문장, 마무리문장 쓰기 과정을 다루었으며 이를 정리하면 다음과 같다.

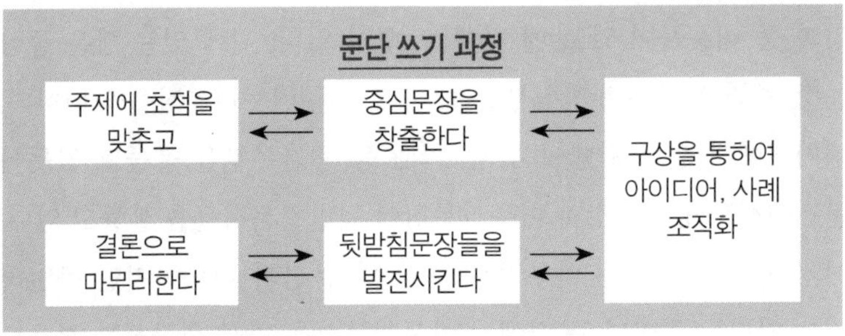

주제에 초점을 맞추고 필자의 의도나 문단의 전개방향을 암시하는 중심문장을 간결하고 명쾌하게 작성한다. 필요하면 구상 테크닉을 활용한다. 중심문장을 이유, 근거, 사례 등을 통하여 구체적으로 뒷받침할 수 있는 아이디어를 구상 테크닉을 활용하여 창출한다. 이를 뒷받침문장으로 표현하며 몇 번의 수정을 거쳐 독자 중심 문장으로 바꾼다. 맨 마지막에 필자의 주장으로 문단을 마무리한다.

요약

1. 한 문단은 하나의 소주제를 다룬다.
2. 문단은 중심문장, 뒷받침문장, 마무리문장으로 구성된다.
3. 중심문장은 문단의 중심생각을 전달하며, 필자의 의도나 문단 방향을 암시한다.
4. 뒷받침문장은 이유나 근거, 예시를 들어서 중심문장을 뒷받침한다.
5. 마무리문장은 문단의 결론을 간결하게 표현하는 문장이다.
6. 문단 쓰기는 구상-쓰기-수정 단계를 거친다.

연습문제

다음 주제에 대하여 본인의 입장을 정리하고 이를 문단으로 작성해 보자.

① 사형제도

② 주식투자

③ 우리나라의 현실적 통일 방안

6

문단 II:

다양한 문단구조와 정보배열 순서

교육목표

다양한 문단구조와 힘글쓰기에서
정보배열 순서를 이해한다.

5장에서 배웠듯이 문단의 기본구조는 중심문장, 뒷받침문장들과 마무리문장으로 되어 있다. 중심문장에서 표출된 필자의 중심생각, 주장, 의도는 이유, 근거, 사례, 통계 인용, 비교 등으로 설득력 있게 뒷받침되어야만 필자의 의도를 전개할 수 있다. 이런 의미에서 의사소통을 전제로 하는 TW에서 가장 중요한 것은 문단을 설득력 있게 구성하고 작성하는 일이다. 특히 한 문단 안에서 뒷받침문장을 어떻게 구성하느냐가 가장 중요한 핵심이다. 이 장에서는 1982년 스파크(J. E. Sparks) 박사가 정리한 Power Writing(PW, 힘글쓰기) 원리와 문단의 다양한 구조 사이의 공통점, 그리고 문단에서 정보배열 순서에 대하여 다루고자 한다.

힘 글쓰기 원리

문단의 몸통 부분에 해당하는 뒷받침문장은 대략 2~4개의 문장들로 되어 있다. 뒷받침문장이 여러 개일 경우 좀 더 상세하고 구체성이 클수록 뒤에 위치하는 것이 자연스럽다. 이러한 뒷받침문장들의 배열순서는 1982년 미국 남캘리포니아 대학의 스파크 박사가 제시한 power writing에 잘 나타나 있다. 스파크 박사는 아리스토텔레스부터 현대작가에 이르기까지 위대한 고전을 쓴 작가들의 글쓰기 방식을 조사하여 다음과 같은 결론을 얻었다. 위대한 작가들이 문단을 쓸 때 먼저 주장(main idea)을 제시하고 이유나 근거로 주장을 뒷받침한다. 스파크 박사는 자신이 발견한 이 원리를 power writing(힘

글쓰기)으로 정리하였다. 즉 힘글쓰기는 논리적인 문단을 구성하기 위해 필요한 전략이며 구체적으로는 각 문장을 다음과 같이 숫자로 표시하여 정보배열 순서를 결정한다. 힘글쓰기에서 숫자는 클수록 상세한 정보를 가리킨다. 힘 1은 필자의 주장을 나타내는 중심문장이며, 힘 2는 힘 1을, 힘 3은 힘 2를 각각 뒷받침하고, 마지막 힘 4는 문단을 마무리하는 결론 부분이다. 이런 힘글쓰기는 미국에서 TW 교육에 자주 사용되고 있다.

Power Writing(힘 글쓰기)

Power 1 = main idea or focus
Power 2 = major detail, supporting
Power 3 = minor detail, elaboration
Power 4 = main idea or focus

이를 우리말로 쉽게 고쳐 쓰면

힘 1 = 주장, 중심문장
힘 2 = 근거, 힘 1 문장을 뒷받침하거나 설명
힘 3 = 증명, 힘 2 문장을 뒷받침하거나 설명
힘 4 = 결론, 힘 1과 관련된 결론, 또는 마무리

PW: 문단의 구조를 공학적으로 분석, 표준화

여기서 하나 주목할 점은 힘글쓰기 방식이 문단의 기본구조와 같다는 것이다. 뿐만 아니라 이 책의 13장 토의와 발표에서 다룰 정보배열 순서인 PREP법과도 동일하다. 즉 힘 1은 중심문장, 힘 4는 마무리문장이고, 중간 부분에 있는 힘 2, 힘 3은 뒷받침문장에 해당하며 구체적으로는 뒷받침문장에서 정보를 배열하는 순서를 가리키고 있다.

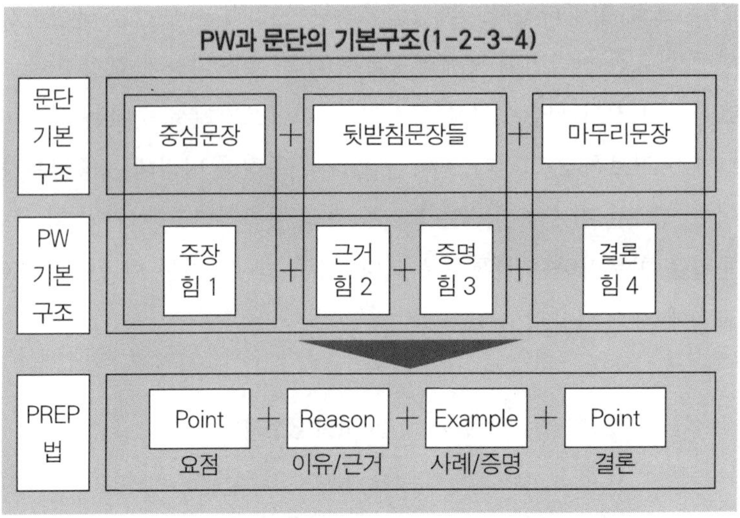

힘 3은 힘 2를 보다 상세히 구체적으로 뒷받침하며 전체적으로는 힘 2, 3이 합쳐져 힘 1을 뒷받침한다. 1-2-3-4 형식은 가장 기본적인 문단이다. 다음은 PW 기본구조에 맞게 문단을 작성한 예를 살펴보자.

1

힘 1 대한민국은 세계에서 가장 역동적인 나라 중 하나다.

힘 2 미국, 유럽 선진국이 200년 걸쳐서 이룩한 산업화를 50년 만에 달성하였기 때문이다.

힘 3 실제로 1960년부터 시작한 경제개발 5개년 계획을 통하여 섬유, 석유화학, 철강, 조선, 반도체, 휴대전화, 디스플레이 전자산업 등을 순차적으로 발전시켜 왔다.

힘 4 오늘날 대한민국의 산업은 나날이 세계적인 경쟁력을 확보하고 있다.

힘 글쓰기 방식에서 이러한 정보배열은 나름대로 근거를 가지고 있다. 인간은 소통할 때, 주장을 먼저 알기를 원하고 그 다음에는 주장에 대한 근거나 이유를 알기 원한다. 끝으로 주장을 반복하면 사람은 필자가 전달하고자 하는 내용을 쉽게 인식할 수 있다. 이러한 정보배열 순서는 사람이 무엇을 어떻게 잘 인식하는지를 다루는 인지공학 원리에 그 바탕을 두고 있는 것이다.

연습문제

우정, 취미를 주제로 하여

1. 자신만의 독특한 의미를 부여하여 중심문장을 만들어 보자.
2. 중심생각을 뒷받침하는 이유, 구체적 사례를 구상 테크닉을 활용하여 선택해 보자.
3. 1-2-3-4 형식에 맞게 문단을 작성한 뒤, 독자 중심 글로 바꿔 보자.

다음은 한 대학의 이공계 학생들이 TW 시간에 1-2-3-4 형식의 문단을 작성한 사례들이다.

2 나의 최대 고민은 군 문제이다. 대한민국의 건강한 청년이라면 누구나 가는 군대이지만 나는 아직도 생소하고 두렵다. 나의 젊음을 바치고 일상생활과 단절된다는 것이 안타깝기만 하다. 곧 있으면 가야 하지만 어떻게 할지 나는 고민이 많다.

3 많은 나라를 여행하고 싶지만 그중에서도 나는 이집트를 가장 가보고 싶다. 이집트는 역사적 유적이 많은 나라이기 때문이다. 이집

트는 4대 문명 발생지 중 하나이며, 피라미드는 7대 불가사의 중 하나이다. 나는 이집트에 가서 여러 유적들을 보고 싶다.

다양한 문단구조와 정보배열 순서

글 쓰는 상황에 따라서 문단의 기본구조는 바뀔 수 있다. 즉 기본 문단인 1-2-3-4 형식에서 주장에 대한 이유나 근거가 두 개이면 1-2-2-4 형식으로 바뀔 수 있다. 다음 예문을 보자.

4

힘 1 나는 두 가지 이유로 등산을 좋아한다.

힘 2 첫째 산 정상을 향하여 땀 흘리며 가는 과정이 뿌듯하다.

힘 2 둘째 맑은 공기를 마시며 친구와 대화를 혹은 혼자서 사색을 즐길 수 있다.

힘 4 나는 틈나는 대로 언제 어디서나 등산을 즐긴다.

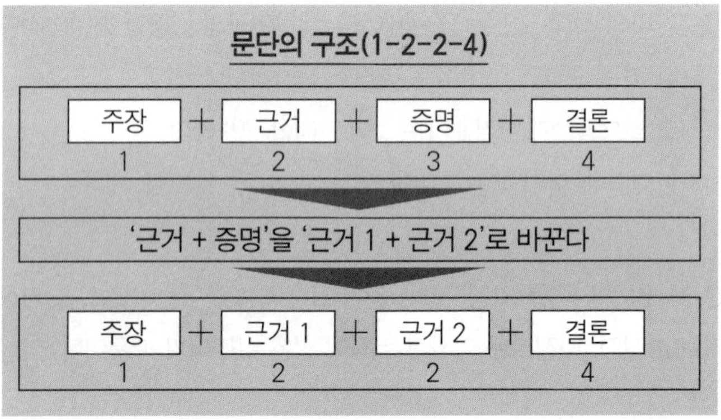

뿐만 아니라 주장을 뒷받침하는 근거가 동등하게 세 개 있으면 1-2-2-2-4 형식이 된다.

❹5 대한민국은 세계에서 가장 역동적인 나라 중 하나다. 첫째로 미국, 유럽 선진국이 200년 걸쳐서 이룩한 산업화를 50년 만에 달성하였다. 둘째로 전국 어디를 가나 건설작업이 활발하게 진행되고 있다. 셋째로 하루 24시간 열심히 살아가는 모습을 어디서나 볼 수 있다. 요즈음 여러 나라들이 우리나라의 발전하는 모습을 배우려고 한국을 찾고 있다.

힘1 대한민국은 세계에서 가장 역동적인 나라 중 하나다.
힘2 첫째로 미국, 유럽 선진국이 200년 걸쳐서 이룩한 산업화를 50년 만에 달성하였다.
힘2 둘째로 전국 어디를 가나 건설작업이 활발하게 진행되고 있다.
힘2 셋째로 하루 24시간 열심히 살아가는 모습을 흔히 볼 수 있다.
힘4 요즈음 여러 나라들이 우리나라의 발전하는 모습을 배우려고 한국을 찾고 있다.

❹4, 5에서 힘 2는 힘 1을 뒷받침하는 문장들로서 모두 동등하기 때문에 그 순서를 바꾸어도 문단의 흐름은 크게 변하지 않는다. 이처럼 뒷받침문장이 복수일 경우 그 전개순서를 힘글쓰기 원칙에 맞게 하면 문단의 흐름이 자연스럽다.

문단은 글쓰기 상황에 따라서 1-2-3-2-3-4, 1-2-2-2-2-4 형식 등 다양한 변형이 가능하다. 심지어 1-2-3-2-3 형식 등 마무리 문장이 없는 경우도 있다. 중요한 것은 문단의 기본구조를 이해하고 상황에 따라서 적용할 수 있는 유연함이다.

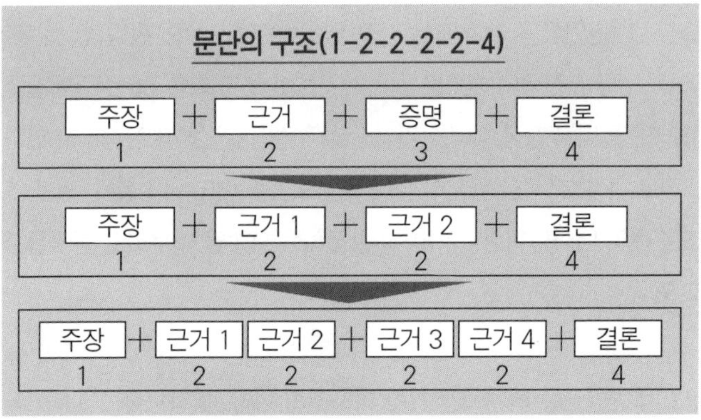

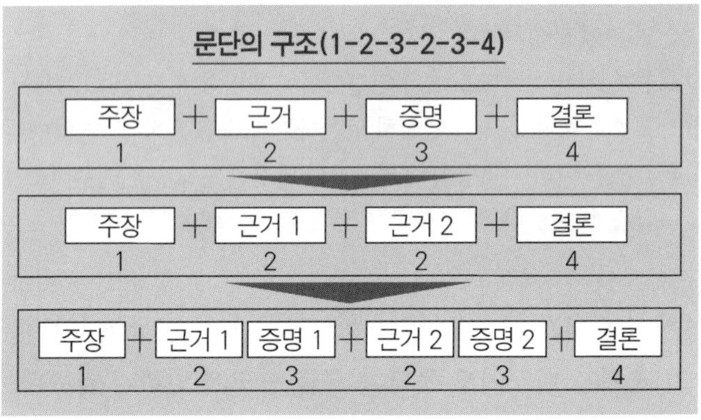

1-2-3-2-3-4 형식의 다음 예문을 보자.

6 호주에는 두 종류의 진기한 동물이 살고 있다. 첫째는 나무 위에 사는 코알라이다. 이 동물은 잘 때도 나뭇가지에 매달려 지내며, 땅

에 내려오지 않는다. 둘째는 새끼를 배 주머니에서 양육하는 캥거루이다. 갓 태어난 새끼는 50g 정도밖에 되지 않아서 엄마의 도움이 절대적이다. 코알라와 캥거루는 호주에만 사는 진기한 동물이다.

변형된 또 다른 아래 예문을 보자.

> 7 나는 고양이를 매우 좋아한다. 내가 심심할 때면 나와 재미있게 놀아 준다. 고양이는 깃털, 끈에 달린 것은 무엇이나 쫓기 좋아한다. 특히 고무줄에 깃털을 뭉쳐서 튕겨 주면 평소에 보기 힘든 동작까지 볼 수 있다. 아마도 깃털을 참새로 착각하여 사냥본능이 나오는 모양이다. 몇 번 실패하면 상황이 유리해질 때까지 기회를 노린다. 고양이와 놀다 보면 나는 종종 시간가는 줄도 모른다.

7에서 처음 문장은 중심문장이다. 다음 문장은 중심문장을 뒷받침한다. 이어지는 문장은 앞 문장을 뒷받침하거나, 보다 상세한 설명을 하는 문장이다. 맨 마지막 문장은 중심문장을 마무리하면서 필자가 전하고자 하는 결론이다. 이를 정리하면 아래와 같다.

힘 1 나는 고양이를 매우 좋아한다.
힘 2 내가 심심할 때면 나와 재미있게 놀아 준다.
힘 3 고양이는 깃털, 끈에 달린 것은 무엇이나 쫓기 좋아한다.
힘 4 특히 고무줄에 깃털을 뭉쳐서 튕겨 주면 평소에 보기 힘든 동작까지 볼 수 있다.
힘 5 아마도 깃털을 참새로 착각하여 사냥본능이 나오는 모양이다.
힘 6 몇 번 실패하면 상황이 유리해질 때까지 기회를 노린다.
힘 7 고양이와 놀다 보면 나는 종종 시간가는 줄도 모른다.

❼ 7은 1-2-3-4-5-6-7 형식의 문단으로 볼 수 있다. 이처럼 PW의 기본 원리와 문단의 기본구조를 알면 변형된 여러 형태의 문단을 만들고 또 이를 응용할 수 있다.

연습문제

1. 잘된 문단의 예를 들어 보고, 이를 분석해 보자.
2. 잘못된 문단의 예를 들어 보고, 이를 잘된 문단으로 수정해 보자.
3. 우정, 취미를 주제로 구상 테크닉을 활용하여 1-2-2-2-2-4 형식, 1-2-3-4-5-6 형식, 1-2-3-3-2-3-3-4 형식 문단을 써 보자.

수학공식처럼 정보를 배열한다

지금까지 보았듯이 문단의 구조가 분명하게 드러나 있는 글은 읽기도 편하거니와 이해도 쉽다. 필자의 주장을 명쾌하게 알 수 있다. 반대로 읽기 힘든 글을 잘 살펴보면, 문단 하나하나가 제대로 안 되어 있는 것을 쉽게 발견할 수 있다. 또 문장이 뒤죽박죽되어 주장이 명쾌하게 드러나지 않고, 글의 초점이 없어서 이해하기 힘들다. 따라서 글쓰기의 핵심인 문단 작성을 위해서는 문단의 구조를 이해하고 이를 잘 활용해야 한다.

글쓰기의 대부분은 문단의 구조와 논리전개를 가다듬는 시간이다.

문단의 기본구조와 논리전개 방식을 알면 정보를 어떤 순서로 나열할지가 분명해진다. 문단의 기본구조를 이해하고 응용하는 연습을 통해서 글쓰기에 공학적으로 접근할 수 있다. 문단에서 정보배열을 수학공식 푸는 것처럼 쉽게 할 수 있다. 그러면 자기도 모르는 사이에 글쓰기에 대한 두려움이 사라지고 글쓰기가 재미있게 된다. 궁극적으로는 글쓰기에 자신감을 갖게 된다.

요약

1. PW 정보배열은 사람의 정보인식 순서에 따른 것이다.
2. PW 기본원리와 문단의 기본구조는 동일하다.
3. 변형된 문단구조를 이해하고 이를 활용할 수 있어야 한다.
4. 수학공식처럼 문단에서 정보를 배열하면 글쓰기가 쉬워진다.

연습문제

다음 주제에 대하여 1-2-2-2-4 형식, 1-2-3-4-5-6 형식, 1-2-3-2-3-4 형식 문단을 써 보자.

① 양극화 문제

② 내가 좋아하는 이성 친구

③ 남북통일

7

에세이 쓰기

교육목표

에세이의 기본구조와 그 작성법을 이해하고 활용한다.

에세이는 보통 수필이라 부른다. 자연, 인생이나 일상생활에서의 화두에 대하여 의견, 주장, 생각을 쓴 산문 형식의 글을 뜻한다. 또는 고등학교나 대학에서 학습활동의 일환으로 자신의 주장 · 생각을 논리적이고 설득력 있게 짧은 논설문 형식으로 쓰는 보고서, 과제물을 의미한다. 예를 들면 이 책에서 다룬 여러 주제(예컨대 세종시 성격, 사형제도의 찬반에 대한 의견, 인구 고령화 대책, 현실적인 남북통일 방안 등)에 대하여 자신의 주장을 논리적으로 설득력 있게 표현하는 글을 말한다. 이런 의미에서 에세이는 특정 전문가 집단을 상대로 하는 학술적인 글쓰기인 논문(paper)과 구분된다. 학술적 논문을 어떻게 쓸 것인지를 설명하는 일은 이 책을 쓴 본래 목적을 넘어서는 일이기 때문에, 제7장에서는 에세이의 기본구조와 작성법을 다루고자 한다.

문단의 기본구조, PW 원리, 정보배열 순서 등을 이해하고 구상 테크닉을 활용하는 방법을 익히고 나면 문단 쓰기는 편하다. 여러 문단들로 구성되는 에세이를 쓰는 것은 아직도 큰 일로 여겨질지 모른다. 그러나 에세이를 쓰는 과정도 문단 쓰기 과정과 본질적으로 같다. 다만 문단과 에세이는 그 규모와 범위가 좀 다를 뿐이다. 문단 쓰기에서는 주제에 대하여 제한된 논의를 하지만, 에세이를 쓸 때는 문단보다 세밀한 논의, 이해, 설명, 묘사 등이 필요하다. 문단은 제한된 방법으로 주제를 다루지만 에세이는 여러 측면과 방향에서 보다 자세히 주제를 다룬다. 문단은 에세이의 한 부품이다. 문단 쓰기 방법을 배운 것은 곧 에세이 작성에 직접 도움이 된다.

에세이 구조에 대한 이해

에세이는 크게 서론, 본론, 결론으로 구성된다. 서론은 보통 한 문단으로 표시하며 글의 주제와 방향을 제시한다. 서론은 독자의 관심을 자극하여 계속 글을 읽게 하는 기능을 한다. 서론의 가장 중요한 기능은 전체 에세이의 초점과 주제를 구체화하는 요소인 논점[論點, point: 논의 중심이 되는 문제점 또는 논의의 요점을 말하며 논지(論旨)와 같은 의미로 사용]을 밝히는 것이다.

본론은 논점을 묘사하고 뒷받침하는 문단들로 구성된다. 얼마나 많은 문단이 필요한지는 에세이의 초점과 방향에 좌우된다. 문단의 수에 관계 없이 각 문단은 논점과 관련하여 간결한 중심문장과 뒷받침문장들을 포함한다. 본론을 구성하는 최소한의 문단 수는 세 개다. 세 개의 본론 문단을 가지고 있는 에세이 형태를 5문단 에세이(5 paragraph essay) 또는 기본 에세이(basic essay)라고 부른다. 말 그대로 5문단 에세이 또는 기본 에세이는 서론이 한 문단, 본론이 세 문단 그리고 결론이 한 문단이다. 본론의 각 문단은 서론에서 주제와 관련하여 제시한 세 가지 관점을 각각 다룬다.

결론은 보통 논점과 사례로 표출된 전체 메시지를 강조하는 문단이다. 결론은 논리적이고 적절한 마무리를 통하여 에세이의 중요성을 드러낸다. 대부분 에세이 결론이 새로운 아이디어를 소개하지는 않지만 때때로 독자가 계속 관심을 가질 이슈를 제기하기도 한다. 다음은 5문단 에세이 사례이다.

01 역사는 반복한다. 평범한 말 속에 국가의 미래를 좌우할 진리가 담겨져 있다. 통일을 이루어 낸 독일의 콜(Helmut Kohl) 총리만큼 이 진리를 마음 깊숙이 체험한 사람도 없다. 1990년 독일은 예상 밖의 통일을 이루었다. 역사가 선물한 행운이었고 콜 총리는 통일의 주인공이 되었다.

기쁨도 잠깐, 콜 총리는 엄청난 후유증을 겪었다. 실업이 늘고 동독인의 서독 이주는 끊이지 않았다. 통일기금을 적립하고 단결세를 도입했어도 재정은 늘 부족하였다.

사회주의적 비효율의 뿌리를 자르고 동독을 재건하기가 만만치 않았다. 자유를 유보당하고 감시 체제하에 익숙한 행동을 바로 잡기도 어려웠다. 만성적인 적자 경제를 만들어 낸 '무임승차' 관행도 좀처럼 고쳐지지 않았다.

통일 피로증이라고 할까. 국민의 불만이 극에 달했다. 콜 총리는 "과거 역사상 독일과 같은 통일의 전례가 있었다면 많은 시행착오를 반복하지 않았을 겁니다."라며 국민에게 진심어린 이해를 구했다. 국민들은 이런 콜 총리의 고백을 수용했고 통일 후 두 차례나 총리직을 위임했다. 역대 최장수 총리가 탄생한 순간이었다.

우리에게 콜 총리의 이런 고백은 이제 유효하지 않다. 급변사태와 통일, 이 역사적 사건의 현장을 우리는 이미 20년 동안 봐 오고 있기 때문이다. 통일은 선택이 아니라 기회이다. 북한의 급변사태가 다가오고 있다. 이 기회가 통일로 이어질지 여부는 오로지 우리의 의지와 능력에 달려 있다.

박상봉 전 통일교육원장의 독일통일의 교훈에서

TW에서 다루는 에세이는 세종시 성격, 사형제도 유지 여부처럼 대부분 논증(論證, 이유나 근거를 가지고 옳고 그름을 증명하는 것)과 설득을 목적으로 하는 글이다. 이런 경우 에세이의 구조나 틀은 대략 다음과 같다.

1. 주제에 대한 문제제기
2. 이전 주장에 대한 핵심내용 요약 및 검토
3. 필자의 주장이나 가정을 제시
4. 필자의 주장이나 가정에 대한 근거, 자료 및 사례 기술
5. 필자 주장에 반대되는 견해 혹은 예상되는 반대 논리에 대한 검토
6. 필자의 주장을 간결 · 명쾌하게 정리하면서 마무리

1은 글의 논점을 소개하는 서론 부분이다. 2는 서론의 마지막 또는 본론의 도입 부분이다. 3~5는 본론에 해당되며 6은 결론 부분이다. 크게 보면 문단의 기본구조인 1-2-3-4 형식(주장-이유/근거-증명-결론)과 동일하다. 2는 에세이에서 사용하는 핵심개념을 정의하거나 설명하여 독자의 이해를 돕는다. 그리고 이전 주장에 대한 핵심내용을 요약하고 비판함으로써 글의 논점이 무엇인지를 드러낸다. 이 과정에서 이전 주장의 출처를 정확히 밝히고 주장의 본질을 명확하게 설명한다. 3에서는 필자의 주장을 정확 · 간결 · 명쾌하게 표현한다. 4에서는 필자의 주장을 뒷받침하는 이론, 전문가 의견, 통계, 사례 등 논거(論據, 논리적 근거)를 제시한다. 즉 주장을 뒷받침하는 논증을 해가는 과정이다. 5에서는 필자 주장의 근거, 한계, 장단점을 기술한다. 또한 필자가 비판하고자 하는 주장이나 예상되는 반론을 다룬다. 6은 결론 부분으로 필자 주장을 명쾌하고 간결하게 정리함으

로써 마무리한다.

에세이 쓰기 과정

에세이를 쓰는 과정은 본질적으로 문단 쓰기 과정과 같다. 그러나 문단 쓰기보다 에세이 쓰기가 주제에 대한 구상, 쓰기, 수정을 훨씬 자세히 해야 한다. 에세이 쓰기의 첫 단계는 구상이다. 문단 쓰기의 구상과 같이 관리 가능한 관점을 생성시키기 위해 구상 테크닉을 활용한다. 그리고 에세이의 주요 관점인 논점에 초점을 두고 구상을 하여 그 결과를 문장으로 표현한다. 논점을 발전시켜 정하는 일은 구상에서 쓰기로 가는 교량과 같다. 이 단계에서 구상의 아이디어는 논점을 설명하고, 묘사하고 뒷받침하는 문장들로 발전시킨다. 문장을 문단에 배열함으로써 독자의 요구를 반영하는 서론과 결론 문단을 발전시킨다.

초고가 완성되면 이를 가다듬고 세련되게 수정한다. 우선 에세이 전체 흐름의 통일성, 일관성, 단어 사용의 적절성을 재분석하고, 이를 반영하여 고쳐 쓰고 마지막으로 아직도 남아 있는 실수를 제거하기 위한 편집을 한다. 다음 그림은 에세이 쓰기 과정을 전체적으로 보여주고 있다.

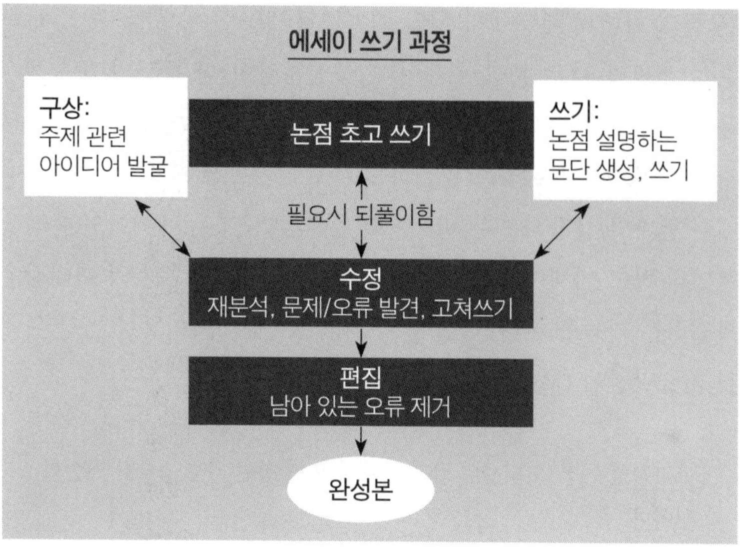

쌍방향 화살표는 에세이 쓰기 과정이 대부분 반복적임을 의미한다. 예를 들면 수정 단계에서 한두 문단이 좀 더 상세한 설명을 해야 한다면, 새로운 정보를 생성하기 위해 단순히 구상 단계로 돌아가서 새로운 아이디어를 생성해야 한다는 의미이다. 그리고 쓰기 단계에서 이 정보를 활용하여 독자 중심의 문장을 정확하게 작성하고, 편집 단계에서 새로 생성된 아이디어가 제대로 표현되었는지를 검증하는 과정을 거친다.

❶ 효과적인 논점 제기

구상과 쓰기 사이 다리는 에세이 논점을 발굴하는 단계이다. 논점은 글의 나머지 부분에서 무엇이 전개될지를 독자가 알 수 있게 하는 이정표와 같은 문장 형태이다. 중심문장이 한 문단의 중심생각을 제시하듯이 논점은 에세이 전체의 중심생각을 제시한다. 중심문장과 마찬가지로 논점은 일반적으로 두 부분으로 구성된다. 주제에 대한 필자의 입장 내지는 반응이다. 이러한 구조는 에세이의 목적을 분명히 하고 에세이 주제가 논의될 방향에 대하여 독자의 기대감을 확립하는 기능을 한다. 예를 들어 과거 30년 동안 이룩한 가장 위대한 기술발전에 대하여 글을 쓴다고 가정해 보자.

효과적인 논점 인터넷의 발전은 과거 30년 동안 가장 중요한 기술혁신이다.

위 논점은 효과적이다. 왜냐하면 문장은 주제가 '인터넷 발전'이며, '과거 30년 동안 가장 중요한 기술혁신'은 필자의 입장 내지는 반응임을 표현하고 있기 때문이다. 뿐만 아니라 글의 근본 목적이 설득에 있으며 글의 나머지 부분에서 인터넷의 발전이 실제로 과거 30년 동안 가장 중요한 기술혁신임을 드러내는 사례들을 입증할 것임을 암시하고 있다.

비효과적인 논점 사례 1 나는 인터넷 발전이 얼마나 중요한지에 대하여 얘기하기를 원한다.

나는 ~를 계획한다, 나는 ~하고자 한다, 이 글은 ~에 관한 것이다 등의 표현은 단순히 논점에 대하여 어떤 입장임을 반복한 것에 불과하다.

비효과적인 논점 사례 2 많은 사람들이 고속 데이터 통신망을 인터넷과 연결하여 사용하고 있다.

사실에 대한 제시는 더 이상 논의나 토론의 여지를 남기지 않는다. 사실은 이미 입증된 진리이기 때문이다.

비효과적인 논점 사례 3 인터넷: 전 세계를 바꾼 혁신

제목은 문장이 아니다. 제목은 글의 주제에 대한 광범위한 힌트를 제공할 뿐, 완성된 문장은 아니다. 효과적인 논점 제기는 중심생각을 정확 · 간결 · 명쾌하게 드러내는 완성된 문장이어야 한다.

연습문제

다음을 효과적인 논점으로 바꿔 보자.

1. 나는 유치원에서의 좋은 교육경험이 어린이의 자신감에 큰 영향을 미친다는 것을 보여줄 계획이다.
2. 가장 이상적인 직업
3. 점점 많은 사람들이 인터넷을 통하여 휴일 장보기를 하고 있다.
4. 전기자동차: 미래의 운송수단

❷ 쓰기

논점 초고를 발전시킨 다음에는 에세이 초고를 완성하는 쓰기 단계로 이동한다. 구상 단계에서 생성된 아이디어들을 다시 걸러내어 논점을 가장 잘 뒷받침하는 아이디어들을 결정해 간다. 이 아이디어들을 정리하고 상호 연결성을 부여해서 그룹화한다. 이런 준비가 끝나면 별도의 사례, 설명을 덧붙이며 이 정보들을 완전하고 명쾌하게 문장과 문단으로 표현해 간다. 이런 과정에서 특별한 출처를 밝히고 어떤 정보를 사용할 경우 규칙대로 인용한다. 쓰기 과정에서 새로운 생각들이 떠오르면 구상 단계로 돌아가서 다시금 구상을 반복하여 보충한다. 초고를 쓰는 단계에서는 맞춤법과 독자에 너무 많은 신경을 쓰지 않는다. 생각을 자기 자신에게 고백한다는 기분으로 쓴다. 잘 쓰겠다는 부담도 가질 필요 없이 생각을 솔직하게 표현한다. 초고 쓰기는 아무래도 주제에 대하여 필자의 생각을 글로 표현하는 형태이므로 필자 중심(writer centered)으로 되는 경향이 있다.

❸ 효과적인 서론과 결론 쓰기

에세이는 특별한 기능을 하는 두 개의 중요한 문단이 있다. 서론과 결론이다. 서론은 에세이 논점을 소개하고, 독자의 관심을 끌고, 그리고 에세이의 구조에 대한 시사점을 제공한다. 논점을 소개하기 위하여 다음의 몇몇 방법들을 자주 사용한다.

1. 일화나 흥미 있는 통계 인용으로 독자의 관심을 끈다.
2. 논점에 대한 아이디어를 제시함으로써 독자의 마음을 준비시킨다.
3. 에세이에서 사용하는 핵심용어나 논제를 정의하면서 시작한다.
4. 자신의 구체적 경험, 생각을 소개함으로써 논점에 접근한다.
5. 속담, 격언, 예화로 독자의 관심을 끌면서 시작한다.
6. 논점에 대하여 대립되는 주장을 소개하면서 시작한다.
7. 의문을 제기하면서 시작한다. 예: 진화론은 과연 과학적 사실인가?

최근 한국사회의 문제로 부각된 청년 실업 문제를 논점으로 다루는 글을 쓴다고 해 보자.

2 허창규 씨는 최근 매일 오전 8시 서울 시립도서관을 가기 위해 집을 나선다. 2010년 모 대학을 졸업한 허 씨는 벌써 기업에 35번 원서를 냈으나 모두 떨어지고, 이제는 9급 공무원 시험을 보기 위해 국어, 영어, 한국사 공부를 7개월째 하고 있다. 시립도서관에는 허 씨처럼 취업 준비하는 사람들로 빈자리가 없다. 허 씨뿐만 아니라 우리나라 20대 청년들은 취업문제로 커다란 고통과 좌절을 겪고 있다. 이 글에서는 우리나라 청년 실업 문제 해결을 위한 구체적 방안을 다루고자 한다.

3 광주 지역 청년 실업률이 전국에서 가장 높아 심각한 수준인 것으로 나타났다. 통계청 고용통계자료에 의하면 광주시의 청년 실업률이 2010년 6월 말 기준 11.6%로 전국에서 가장 높았다. 이처럼 심각한 광주 지역 청년 실업 문제를 해결하기 위하여 효과적인 일자리 창출방안을 제시하고자 한다.

2는 한 개인의 일상생활을 소개함으로써 청년 실업의 심각성을 부각시키고 있다. 독자의 관심을 끌면서 청년 실업 문제 해결을 위한 구체적 방안을 다룰 것임을 암시하고 있다. 3은 광주 지역의 실업률 통계자료를 인용함으로써 실업 문제의 심각성을 알리고 있다. 논점인 실업 문제 해결을 위한 구체적 방안을 다룰 것임을 암시하고 있다. 다음 4는 진화론 주장을 설명하면서 과연 진화론이 과학적 사실인가? 강한 의문을 제기함으로써 진화론의 과학적 허구성을 본격적으로 다룰 것임을 예고하고 있다.

> 4 찰스 다윈은《종의 기원》에서 '최초의 생명체는 무생물에서 우연히 자연적으로 발생하였고, 최초의 원시 생명체는 자연선택에 의하여 한 생물에서 다른 생물로 진화하여 오늘날 다양한 생물체들을 이루고 있다'고 주장하였다. 진화론은 과연 잘 입증된 과학적 사실일까? 본 논문에서는 현대 과학 이론에 근거하여 진화론의 과학적 허구성을 다루고자 한다.

결론은 주제에 대한 필자의 중심생각이나 독자가 생각할 질문을 대변하는 글의 마지막 부분이다. 일반적으로 결론은 새로운 정보나 개념을 드러내지 않고, 본론에서 다룬 내용만으로 요약하고 정리하여 필자의 주장을 간결하고 명쾌하게 정리한다. 새로운 생각을 발전시키는 부분은 본론이지 결론 부분이 아님을 잊지 말아야 한다. 서론에서와 같이 결론을 글의 논점을 대변하는 일화로 마무리하는 방법을 자주 사용한다. 독자의 공감을 촉구하고 앞으로의 전망을 제시하면서 마무리한다. 또한 필자 주장의 한계나 남은 과제를 언급하여 열린 마음으로 지속적인 논의의 장을 열어 놓는다.

❹ 본론 쓰기

서론에서 제기한 논점에 대한 필자의 주장(중심생각)을 문단으로 설득력 있게 전개한다. 문단의 형식은 주장을 가장 효과적으로 전개하는 형식으로 하면 된다. 문단과 문단은 서로 논리적 연결이 되도록 배려하며 총체적으로 논점을 효과적으로 다루어야 한다. 문단의 길이도 균형을 이루도록 한다. 문단 작성은 5장과 6장을 참고하면 된다.

요약

1. 기본적인 에세이인 5문단 에세이의 구조를 이해한다.
2. 에세이 쓰기는 본질적으로 문단 쓰기와 같이 구상-쓰기-수정 단계를 거친다.
3. 서론, 본론, 결론 쓰는 방법을 이해한다.

연습문제

다음 주제에 대하여 5문단 에세이를 작성해 보자.

① 장래 직업 선택의 기준

② 우리나라의 현실적인 남북통일 방안

③ 우리나라 실정에 맞는 신재생 에너지 발전전략

8

문장 I :

한 문장은 한 생각만을 다룬다

교육목표

1. 한 문장은 한 생각만을 다룬다.
2. 명쾌함의 핵심은 간결한 문장임을 이해한다.
3. 명쾌한 소통을 위한 문장 조건을 이해하고 문장 쓰기에 활용한다.

의사소통은 각각 의미가 있는 단어들을 묶어서 생각을 말이나 글로 표현하는 과정이다. 의사소통의 기본단위는 문장이다. 단어들은 각각 고유한 의미를 가지고 있으나 그 자체가 의사소통의 수단이 되지는 못한다. 단어들이 모여 문장이 되어야 비로소 의사소통의 기본단위가 된다. 잘 구성된 문장은 쉽게 읽고 이해할 수 있으나, 잘못된 문장은 읽고 이해하기가 힘들다. 심지어 머리를 싸매고 읽어야 비로소 필자의 생각을 알 수 있는 경우도 있다. 무슨 뜻인지 몰라 몇 번이고 다시 읽어 봐야 하고, 동일한 표현이 반복돼 지루하게 느껴지기도 한다. 어색한 표현이나 심지어 문법이 잘못된 경우도 있다. 반면에 어떤 글은 처음부터 끝까지 물 흐르듯 부드러워서 읽는 사람이 전혀 불편함을 느끼지 못하는 가운데 전달하고자 하는 메시지가 명쾌하게 와 닿는다. 글을 잘 쓰느냐 못 쓰느냐는 결국 필자의 생각을 간결하고 명쾌하게 전달할 수 있느냐에 달렸다. 독자가 누구이든 특별한 노력을 기울이지 않고도 끝까지 읽어 내려갈 수 있게끔 문장을 구성하는 문장력에서 판가름난다. 제8장과 9장에서는 잘 구성된 문장이 가져야 할 조건들에 대하여 집중적으로 다루려고 한다.

명문은 결코 멋있고 전문적인 단어나 표현을 사용한 거창하고 무게 있는 문장이 아니라, 자신의 생각을 상대방에게 분명하게 전달하는 문장이다. 의사소통을 목적으로 하는 일반인이 전문가처럼 수준 높은 글을 쓸 수는 없으며, 누구도 이를 기대하지도 않는다. 말하는 것처럼 생각나는 대로 자연스럽게 적어 내려가면 된다는 뜻이다. 필자가 전달하려는 생각을 문장으로 표현했어도, 독자가 쉽게 이해하지 못한다면 그 문장은 의사소통에 실패한 것이다. 상품이 고객으로부터 외면을 당하면, 그 상품은 이미 상품으로서의 존재 이유와 가치를 잃은 것처럼, 글도 독자가 읽고 이해하기 힘들고 부자연스러우면 글로서의 가치를 잃게 되는 것이다. 문장은 의사소통의 기본단위이기 때문에 독자가 쉽고 명쾌하게 이해할 수 있어야 한다. 더구나 지식정보화 사회에서는 모든 생각이나 주장을 한 편의 글이 아니라 하나의 문장으로 표현하는 경우가 많다. 특히 최근 트위터(twitter) 등 의사소통의 신속성을 요구하는 인터넷 환경에서는 문장력의 중요성을 아무리 강조해도 지나치지 않는다.

다음 예를 보자.

> 1 현재 소재 분야에서 각광을 받고 있는 차세대 원천소재는 한 소재에서 높은 수준의 다양한 기능을 발현할 수 있는, 즉 고성능 복합기능성 소재로서, 이를 통하여 제품의 경량화, 제조시간 및 비용의 절감, 고상용성 및 친환경적 소재개발 등의 다양한 장점을 구현할 수 있다.

1은 너무 많은 내용들이 한 문장에 표현되어 있다. 한 문장에 여러 내용을 포함시키려고 하면 문장이 길고 복잡하게 되어 읽기 힘들게 된다. 이런 경우 단순하게 한 문장을 여러 문장들로 쪼개어 떼어 놓기만 하여도 이해하기가 훨씬 쉬워진다.

> 1 현재 소재 분야에서 각광을 받고 있는 차세대 원천소재는 복합기능성 소재이다. 한 소재에서 높은 수준의 다양한 기능을 발현할 수 있기 때문이다. 복합기능성 소재는 제품의 경량화, 제조시간 및 비

용의 절감, 고상용성 및 친환경적 소재개발 등의 다양한 장점을 구현 할 수 있다.

✐1에서 보듯이 ❶1은 하나의 문단이다. 문단으로 표현하면 쉽게 읽을 수 있는 것을 하나의 문장에 표현하려다 보니 복잡하고 읽기 불편한 문장이 된 것이다.

한 문장은 한 생각만을 다룬다

한 문단이 한 소주제만을 다루듯이 한 문장이 한 생각만을 다루면 필자의 생각이 분명하고 명쾌하게 전달된다. 한 문장에 한 생각만을 다루기만 하여도 문장 쓰기의 많은 문제들이 해결된다.

한 문장 = 한 생각: one sentence = one idea

한 문장 안에 여러 내용이나 생각들을 표현하려고 하면 문장이 길어지고 복잡해진다. 이해하기가 힘들어져서 결국 의사전달력이 떨어진다. 꼭 읽어야 하는 경우가 아니면 사람들은 중도에서 읽기를 포기한다. 그러면 길고 복잡한 문장을 쓴 필자는 글 쓰는 목적을 달성할 수 없게 된다. 간단한 생각을 간결한 문장으로 표현하는 것은 어렵지 않다. 복잡한 생각들은 복잡한 문장들을 필요로 할지 모르지만 아무리 복잡한 내용들이라 해도 이를 분석하여 쉽게 문장으로

표현할 수 있어야 한다. 의사소통을 목적으로 하는 TW은 복잡하고 어려운 내용일지라도 쉽게 이해할 수 있도록 쓰는 것임을 잊지 말아야 한다. 두 가지 이상의 여러 내용을 한 문장에 표현하면 문장의 초점이 흐려지고 전달력이 떨어짐을 명심해야 한다. 그러므로 한 문장은 하나의 생각만을 전달하는 것이 좋다. 그래야 전달 내용이 분명해진다.

다음 사례들은 한 대학의 이공계 학생들이 TW 시간에 길고 복잡한 문장을 간결한 문장으로 수정한 예이다.

2 체세포 복제소는 피부와 근육 등 체세포에서 핵을 추출한 뒤 핵을 없앤 미수정란에 융합시켜 암컷 자궁에 이식하는 방법으로 탄생하는데, 육질과 젖 생산량이 뛰어난 소를 효율적으로 생산할 수 있다는 점에서 개발이 적극 추진되고 있다. 연합뉴스, 2009. 1. 20

긴 문장을 단순히 둘로 나누기만 해도 훨씬 이해하기 쉽고 내용도 분명해진다.

2-1 체세포 복제소는 피부와 근육 등 체세포에서 핵을 추출한 뒤 핵을 없앤 미수정란에 융합시켜 암컷 자궁에 이식하는 방법으로 탄생한다. 육질과 젖 생산량이 뛰어난 소를 효율적으로 생산할 수 있다는 점에서 개발이 적극 추진되고 있다.

2-2 체세포 복제소는 개발이 적극 추진되고 있다. 왜냐하면 육질과 젖 생산량이 뛰어난 소를 효율적으로 생산할 수 있기 때문이다.

체세포 복제소는 피부와 근육 등 체세포에서 핵을 추출한 뒤 핵을 없앤 미수정란에 융합시켜 암컷 자궁에 이식하는 방법으로 탄생한다.

❸3 창조과학을 통해 진화론이 과학적 증거가 없으며, 도리어 창조설계와 격변의 과학적 증거는 너무나 풍부하다는 것을 잘 보여주고 있다.

❸3은 주어가 확실하지 않거니와 문장이 복잡하고 길어서 의미전달이 명쾌하지 않다. 창조과학을 주어로 하고, 문장도 둘로 나누어 보자.

✐3 창조과학은 진화론이 과학적 증거가 없다는 것을 보여주고 있다. 오히려 창조과학은 창조설계와 격변에 대한 과학적 증거가 많음을 보여주고 있다.

❸4 한국창조과학회는 과학적 지식을 갖춘 전문인 선교사들이 복음전파의 도구로 창조과학을 활용할 수 있도록 다양한 자료를 준비하여 무기를 공급하는 그 역할을 감당해야 되는 절박한 시대적 요구가 있다고 생각한다.

❸4에서 주어는 '창조과학회'다. 그리고 서술어(동사)는 '생각한다'이다. 다음 장에서 자세히 다루겠지만 주어와 서술어가 서로 어울리지 않는다. 다음과 같이 몇 문장들로 나누면 문장의 흐름이 훨씬 매끄럽다.

4 한국창조과학회는 다양한 자료를 준비해야 한다. 왜냐하면 과학적 지식을 갖춘 전문인 선교사들이 복음전파의 도구로서 창조과학을 활용할 수 있게 해야 하기 때문이다. 창조과학회의 이러한 역할은 절박한 시대적 요구이기도 하다.

5 특히 저밀도, 고강도, 유연성 및 경제성을 바탕으로 하는 고분자 소재는 복합기능 소재 분야에 있어서 가장 이상적인 소재로서, 구성 성분 및 구조에 따라서 광학적, 전기적, 자성적 및 열적 특성 등의 다양한 특성을 지니므로, 기존의 응용 분야에서 사용되던 소재들을 대체가 가능하나, 현재의 기술로서는 성능이나 안정성 등에 있어 실용성이 떨어지므로 이에 대한 보완이 시급한 실정이다.

5는 문장이 너무 길고 복잡하다. 몇 번을 꼼꼼하게 읽어야 필자가 전달하려는 내용을 겨우 알 수 있다. 여러 내용들을 무리하게 한 문장으로 표현하다 보니 이렇게 되었다. 이런 현상은 판검사, 변호사, 교수, 연구원 등 전문가들이 쓰는 글에 자주 나타난다. 전문가가 아니면 이해하기 힘들어 매우 불친절한 글이 된다. 그러나 의사소통을 목적으로 하는 언론매체, 정부, 직장, 사회에서는 누구나 쉽게 이해할 수 있도록 평이한 단어들로 문장을 구성하는 것이 좋다. 그래야 독자가 쉽게 내용을 이해할 수 있다.

5 특히 저밀도, 고강도, 유연성 및 경제성을 바탕으로 하는 고분자 소재는 복합기능 소재 분야에 있어서 가장 이상적인 소재이다. 왜냐하면 고분자 소재는 구성 성분 및 구조에 따라서 광학적, 전기적, 자성적 및 열적 특성 등의 다양한 특성을 지니고 있기 때문이다. 고분

자 소재는 기존의 응용 분야에서 사용되던 소재들을 대체할 수 있다. 그러나 현재의 기술은 성능이나 안정성 등에 있어 실용성이 떨어지므로 이에 대한 보완이 시급한 실정이다.

✐5에서 보듯이 ❶5는 네 개의 문장으로 된 문단으로 구성하는 것이 독자가 이해하기 쉽다. 이를 한 문장으로 표현하다 보니 길고 복잡하여 이해하기 힘든 문장이 된 것이다.

❶6 현재 경제협력개발기구(OECD)에서 국제 가이드라인을 세우기 위한 작업을 진행 중이지만 구체적인 마감 시한 등이 정해져 있지 않은 상황이고 정부 차원에서도 이달 들어 문제점을 인식한 상황이라 아직 현황 파악도 안 된 것을 감안하면 단기간에 해결되기가 쉽지 않아 보인다.

❶6 역시 한 문장에 너무 많은 내용들이 복잡하게 들어 있다.

✐6 현재 경제협력개발기구(OECD)에서 국제 가이드라인을 세우기 위한 작업을 진행 중이다. 하지만 구체적인 마감 시한 등이 정해져 있지 않다. 정부 차원에서도 이달 들어 문제점을 인식한 상황이라 아직 현황 파악도 안 되어 있다. 이런 점을 감안하면 국제 가이드라인을 단기간에 해결하기가 쉽지 않아 보인다.

❶7 사바나 강 유역의 정화는 메탄이용세균의 먹이 선호도를 이용하면 쉽게 가능할 것으로 생각되어 더 많은 메탄의 공급은 더 빨리 TCE를 분해할 것이라는 가정하에 토양에 가스관을 박아 메탄이용세균의 영양분인 메탄과 산소를 지속적으로 공급하였고 그 결과 사바나

강은 단 몇 달 만에 성공적으로 정화되었다.

TCE는 'trichloroethylene'의 약자로 산업현장에서 발생하는 대표적인 유해물질이다. ❼7도 문장이 길고 복잡하다. 필자가 분명하게 메시지를 전달하려면 여러 문장들로 다음과 같이 나누어서 쓰면 된다.

> ✐7 사바나 강 유역의 정화는 메탄이용세균의 먹이 선호도를 이용하면 쉽게 가능할 것으로 생각되었다. 즉 더 많은 메탄의 공급은 더 빨리 TCE를 분해할 것이라는 가정하에 토양에 가스관을 박아 메탄이용세균의 영양분인 메탄과 산소를 지속적으로 공급하였다. 그 결과 사바나 강은 단 몇 달 만에 성공적으로 정화되었다.

여러 예문들과 이들의 수정에서 보듯이 우리 주위에는 여러 내용들을 한 문장에 표현하여 복잡하고 긴 문장들을 쓰는 경우가 너무 많다. 한 문장에는 기본적으로 한 생각만을 다루어야 간결하고 명쾌한 문장이 된다. 이를 통하여 필자는 독자에게 특정 메시지를 정확하고 간결하며 명쾌하게 전달할 수 있게 된다.

명쾌함의 핵심은 간결한 문장이다

명쾌한 의사소통을 목적으로 하는 글쓰기에서 가장 결정적인 부분은 문장의 길이다. 문장이 길수록 의사소통에 성공할 확률은 떨어진다. 문장이 길수록 초점과 내용이 흐려지기 때문이다. 만약 문장이 너무 길면 어떻게 해야 하는가? 단순히 칼을 들고 자르고, 떼어 놓아야 한다. 문장은 간결하게 쓸 때 명쾌해진다. 그래야 초점과 생각이 명쾌하게 전달된다.

문장의 길이는 얼마가 적당한가? TW에서 이상적인 문장 길이는 30~50글자이다. 단순히 문장의 길이를 알기 위해서 단어의 수를 셀 필요는 없다. 어떤 문장은 더 짧을 수 있다. 어떤 문장은 더 길 수 있다. 그러나 한 문장은 대략 30~50글자로 구성하는 것이 적당하다. 왜 30~50글자인가? 답은 간단하다. 이런 틀 속에서 문장을 작성하면 긴 문장에서 발생하는 대부분 문제들을 제거할 수 있기 때문이다. 인간의 인지능력, 집중력 등을 고려하면, 30~50글자로 된 문장이 이해하기 쉽다는 것이다. 메시지 전달도 잘 된다. 일간신문이나 잡지 기사를 살펴보면 대부분 문장들이 평균 40글자 이내인 것을 볼 수 있다. 쉽게 읽고 이해하기도 편하다. 의사소통을 중요시하는 신문, 잡지 기사의 문장이 평균 40글자 이내인 것은 결코 우연이 아니다. 글을 쓸 때 반드시 신문, 잡지 기사처럼 써야 하는 것은 아니지만 적어도 그들로부터 배울 수 있어야만 한다. 의사소통을 목적으로 하는 글을 쓸 때 한 문장에 30~50글자가 유지될 수 있도록 노력해야 한다. 간결한 문장이 명쾌한 의사소통의 핵심이다.

문장이 길어도 내용이 단순하면 상관없다

모든 문장이 50글자 미만이어야 하는가? 그렇지 않다. 문장의 길이는 필자가 소통하고자 하는 내용, 생각과 일치해야 한다. 문장이 길어도 실제로 분석해 보면 내용 자체가 단순한 경우도 있기 때문이다. 복잡한 생각은 더 긴 문장을 필요로 할지 모른다. 왜냐하면 짧고 간단한 문장은 전달하고자 하는 생각을 파괴하게 될지도 모르기 때문이다.

다음 예를 보자.

> ❽8 우리나라는 1960년대부터 합판 · 신발 · 섬유봉제 산업 등을 중심으로 하는 노동집약 산업, 경공업 · 시멘트 · 정유 등 국가기간산업, 그리고 철강 · 자동차 · 선박 · 석유화학 등 중화학 장치산업과 반도체 · 휴대전화 · LCD 등 IT 첨단산업을 순차적으로 발전시킴으로써 2차 세계대전 이후 신생독립국에서 선진국 문턱까지 기록적인 경제성장을 지속해 왔다.

❽8은 비록 문장이 길어도 내용은 간단하다. 우리나라는 노동집약 산업, 국가기간산업, 중화학 장치산업, IT 첨단산업을 발전시킴으로써 기록적인 성장을 지속해 왔다. 좀 더 간단히 말하면 우리나라는 성장을 지속해 왔다 등이다. 비록 단어가 많고, 문장이 길어도 내용을 파악하기에는 무리가 없다. 왜냐하면 동등한 단어들이 하나의 구(句, phrase)를 이루고 이들이 문장에서 동일한 기능을 하기 때문이다.

❾9 산학연 협력체제 활성화 지원사업, 국제연구인력 교류사업, 플랜트 기술 고도화사업, 보건의료기술 연구개발사업, 산업 집적지 경쟁력 강화사업, 동북아R&D 허브기반 구축사업, 농업생명공학 기술개발사업 등도 평가 대상에 속한다. 연합뉴스, 2009. 1. 21

❾9도 42단어로 되어 있으나 전체적으로 읽고 이해하는 데 무리가 없다. 전체 문장은 8, 5, 6단어로 되어 있는 구(句)들로 연결되어 있고 문장에서 모두 동일한 주어의 기능을 하기 때문이다.

산학연 협력체제 활성화 지원사업,
국제연구인력 교류사업,
플랜트 기술 고도화사업,
보건의료기술 연구개발사업,
산업 집적지 경쟁력 강화사업,
동북아R&D 허브기반 구축사업,
농업생명공학 기술개발사업

단어 수가 비록 많아도 여러 단어들로 구성된 일곱 개의 구가 모두 사업의 종류를 의미할 뿐이다. 즉 열거한 '여러 사업도 평가 대상에 속한다'라는 간결한 내용이다. 전체적으로 의사소통에 문제가 없다. 이렇듯 단어의 수가 비록 많아도 전체적인 문장의 흐름이 간결하면 의사소통에 문제가 되지 않는다. 중요한 점은 전체적으로 문장들이 필자의 생각을 명쾌하게 전달해야만 한다는 것이다.

다음은 고린도전서 13장에 있는 사랑에 대한 내용이다.

➓10 사랑은 오래 참고 사랑은 온유하며 시기하지 아니하며 사랑은 자랑하지 아니하며 교만하지 아니하며 무례히 행하지 아니하며 자기의 유익을 구하지 아니하며 성내지 아니하며 악한 것을 생각하지 아니하며 불의를 기뻐하지 아니하며 진리와 함께 기뻐하고 모든 것을 참으며 모든 것을 믿으며 모든 것을 바라며 모든 것을 견디느니라.

➓10도 비록 많은 단어로 되어 있으나 내용은 복잡하지 않다. 크게 무리가 없다. 이렇듯 문장이 길더라도 내용이 간단하면 읽고 이해하는 데 무리가 없다. 문제의 핵심은 복잡한 내용을 무리하게 한 문장으로 표현하려는 데 있다.

요약

1. 한 문장은 한 생각만을 담는다.
2. 여러 생각들이 포함된 문장을 한 생각만 담은 문장들로 나눈다.
3. 명쾌함의 핵심은 간결한 문장에 있다.

연습문제

1. 여러 생각들이 포함된 문장 예를 찾아서 TW 원리에 맞게 수정해 보자.
2. 문장이 길더라도 내용이 단순한 사례를 찾아 보자.

9

문장 II :

간결한 문장의 조건

교육목표

간결한 문장의 여러 조건들을 이해한다.

우리가 문장을 잘못 써서 의사소통에 실패하는 데에는 여러 원인들이 있다. 제8장에서 다룬 것처럼 필자가 한 문장에 많은 생각들을 전달하고자 하는 경우가 대표적이다. 이 외에도 잘못된 문장으로 의사소통에 실패하는 경우가 있다. 예를 들면 문장에서 수식어(修飾語)의 위치가 잘못되거나 구조가 올바르지 못한 경우 혹은 문장이 너무 길어서 생각을 놓쳐 버리는 경우, 주어 · 목적어 · 서술어 등이 올바르게 연결되지 않는 경우, 이러한 원인들 중 하나이거나 또는 이런 요인들이 복합적으로 작용하는 경우이다. 이번 장에서는 여러 형태의 잘못된 문장(비문, 非文) 사례들을 살펴봄으로써 간결하고 올바른 문장의 조건을 다루고자 한다.

군더더기는 없애고 접속사 · 수식어는 절제하라

긴 문장은 짧게 끊어 쓰고, 각각의 문장에서 불필요한 군더더기를 없애야 한다. 접속사와 수식어도 될 수 있는 대로 절제해야 한다. 그래야 깔끔하고 간결한 문장이 되어 의사전달이 명쾌하게 된다.

> 1 한국전력의 UAE 원자력 발전소 건설 수주는 우리 자신은 물론 이거니와 세계를 놀라게 한 쾌거라 하지 않을 수 없다.

'~이거니'와 '~라 하지 않을 수 없다'는 군더더기 표현이 문장을 쓸데없이 늘어뜨린다. 이는 쓸데없는 표현이다. 필자는 군더더기 표현을 과감히 제거해야 한다.

1 한국전력의 UAE 원자력 발전소 건설 수주는 우리 자신은 물론 세계를 놀라게 한 쾌거다.

2 TEPS를 통해 나타난 약점을 파악해 보강하는 작업을 통해 부족한 부분을 보충하면 성적을 끌어올릴 수 있다.

'~을 통해'와 '~하는 과정을 통해'는 대부분 군더더기이다.

2 TEPS에서 나타난 약점을 파악해 부족한 부분을 보충하면 성적을 끌어올릴 수 있다.

3 천안함 침몰원인에 관한 언론보도에 있어 중요한 취약점이 있으며, 한국인들은 보도행태에 대해 심각히 우려하고 있다.

'~에 관한, ~에 대해, ~이 있어' 등은 대부분 군더더기이다. 과감히 제거를 해야 간결하고 명쾌한 문장이 된다.

3 천안함 침몰원인을 보도하는 언론에 중요한 취약점이 있으며, 한국인들은 보도행태를 심각히 우려하고 있다.

4 우리나라 대학의 이공계 교육은 이론 중심의 교육에 치우쳐 있음을 부인할 수 없으며, 산업현장이 요구하는 실습위주의 실용교육을 제대로 실시하지 못하고 있다고 볼 수 있다.

'~을 부인할 수 없으며'와 '~고 볼 수 있다'는 표현이 문장을 늘어뜨린다. '치우쳐 있으며', '못하고 있다'처럼 단정적으로 써야 주장이 분명해지고 문장이 깔끔해진다.

4 우리나라 대학의 이공계 교육은 이론 중심의 교육에 치우쳐 있으며, 산업현장이 요구하는 실습위주의 실용교육을 제대로 실시하지 못하고 있다.

5 어제 술을 많이 마셨다. 그래서 늦게 출근하였다. 그러나 다행히 중요한 회의에는 늦지 않았다.

접속사 '그래서, 그러나, 그러므로'는 문장의 연결을 부드럽게 이어주는 것으로 생각하기 쉬우나 실제로는 문장을 늘어지게 만든다. 특히 일이 순서대로 진행될 때에는 접속사가 글의 긴장감을 떨어뜨리므로 사용하지 않는 것이 좋다. 접속사는 될 수 있는 대로 절제해야 간결한 문장이 된다.

5 어제 술을 많이 마셨다. 늦게 출근하였다. 다행히 중요한 회의에는 늦지 않았다.

6 우리나라 대학교육이 올바른 방향으로 나아가기 위해서는 무엇보다 가르치는 자의 자리에 있는 사람들의 솔선수범이 필요하다.

'가르치는 자의 자리에 있는 사람들'은 '교수들'과 같은 표현이다. 군더더기를 없애면 간결한 문장이 된다.

6 우리나라 대학교육이 올바른 방향으로 나아가기 위해서는 무엇보다 교수들의 솔선수범이 필요하다.

7 국민소득의 향상과 생활방식의 서구화로 자동차의 사용량이 부쩍 늘어 원유도입이 지난 10년간 세 배나 증가하였다.

'소득의, 생활방식의, 자동차의' 등 필요 없는 '의'자가 많다. '의'를 넣는 것은 일본식 표현이다. '의'는 불필요한 경우가 많으므로 절제하는 것이 좋다.

7 국민소득 향상과 생활방식 서구화로 자동차 사용량이 부쩍 늘어 원유도입이 지난 10년간 세 배나 증가하였다.

8 현재처럼 경기가 아주 불안정한 상황에서 더 좋은 직업을 찾으려면 시간이 많이 걸리고 여러 가지 어려움도 많기 때문에 지금 다니는 직장에서 가능한 한 최선을 다하고 있다.

의미를 강조하기 위해서 '아주, 상당히, 많은, 자주, 가끔, 매우' 등 수식어를 붙이는 경향이 있으나 수식어가 들어가면 문장이 늘어지고 의미전달이 오히려 애매해진다. 문맥이나 문장 전체 흐름으로 자신의 의도를 전달해야지 수식어를 붙인다고 의미가 뚜렷해지는 것은 아니다. '아주, 많이, 여러 가지, 지금, 가능한 한' 등 불필요한 수식어들을 과감하게 없애면 문장이 간결하고 명쾌해진다.

8 현재처럼 경기가 불안정한 상황에서 더 좋은 직업을 찾으려면

시간이 걸리고 어려움도 많기 때문에 다니는 직장에서 최선을 다하고 있다.

9 표현력과 기술력이 워낙 뛰어난 김연아가 압도적으로 높은 점수를 받을 수밖에 없다.

'워낙', '압도적으로'는 불필요한 수식어다. 과감하게 제거하면 깔끔한 문장이 된다.

9 표현력과 기술력이 뛰어난 김연아가 높은 점수를 받을 수밖에 없다.

단어, 구절, 표현 중복을 피하라

같은 단어, 구절, 표현이 반복해서 한 문장에 나오면 문맥이 단조롭고 볼품없어 보인다. 표현력이 부족하기 때문에 생기는 문제이긴 하나 조금만 신경을 쓰면 웬만한 중복은 피할 수 있다. 같은 의미를 지니면서 중복된 표현을 다른 말로 바꾸면 문장과 글의 흐름이 매끄럽게 된다. 문장과 전체 글에서도 가능하면 중복을 피하는 것이 좋다.

10 직장에서 생긴 문제는 직장에서 풀어야지 직장에서 풀지 못하면 해결하기 힘들다.

한 문장에 '직장'이 세 번 나온다. 문맥에 맞게 다른 말로 바꾸면 흐름이 매끄러워진다.

✐10 직장에서 생긴 문제는 그 자리에서 풀어야지 현장에서 풀지 못하면 해결하기 힘들다.

11 우리 회사는 화학 산업의 역사가 가장 오래된 회사이며, 연구개발 역량이 뛰어난 회사이다.

'회사'가 세 번 반복하여 한 문장에 나온다. 단조롭고 무미건조한 느낌이 든다. 조금 신경 써서 다음과 같이 바꾸면 훨씬 좋은 문장이 된다.

✐11 우리 회사는 화학 산업 역사가 가장 오래되었으며, 연구개발 역량이 뛰어나다.

12 아직은 연매출이 많지 않지만 상담이 많아지고 거래선도 많아지고 있어 전망이 밝다.

'많다'의 표현이 반복해 나온다. 비슷한 단어로 바꾸면 흐름이 훨씬 부드러워진다.

✐12 아직은 연매출이 많지 않지만 상담이 늘어나고 거래선도 증가하고 있어 전망이 밝다.

13 EBS 수능 강좌가 사교육비를 획기적으로 줄일 수 있는 계기가

될 수 있을 것으로 기대된다.

비슷한 구절인 '줄일 수 있는', '될 수 있을'이 겹쳐 나와 어색하다. 다음과 같이 바꾸면 좋다.

13 EBS 수능 강좌가 사교육비를 획기적으로 줄일 수 있는 계기가 될 것으로 기대된다.

같은 단어나 구절은 아니지만 내용상 동일한 표현이 반복되는 경우에도 문장의 세련미를 떨어뜨린다. 의미가 중복되는 부분은 어느 한 쪽을 선택해 표현하면 간단하게 해결된다.

14 예상치 못한 갑작스러운 천안함 사고로 많은 인명피해가 발생했다.

'예상치 못한', '갑작스러운'은 같은 의미이다. 둘 중 하나는 불필요하다.

14 ① 예상치 못한 천안함 사고로 많은 인명피해가 발생했다.
② 갑작스러운 천안함 사고로 많은 인명피해가 발생했다.

15 외국인의 매수세로 주가는 나흘 연속 상한가 행진을 이어갔다.

'연속'과 '이어가다'는 같은 뜻이다. 둘 중 하나를 선택해 사용하면 깔끔한 문장이 된다.

✐15 ① 외국인의 매수세로 주가는 나흘간 상한가 행진을 이어갔다.
② 외국인의 매수세로 주가는 나흘 연속 상한가를 기록했다.

❶16 4대 강 살리기 사업이 홍수와 가뭄피해를 획기적으로 줄일 수 있는 계기가 될 수 있을 것으로 기대된다.

'줄일 수 있는', '될 수 있을 것으로'는 비슷한 구절의 중복이다.

✐16 4대 강 살리기 사업이 홍수와 가뭄피해를 획기적으로 줄일 수 있는 계기가 될 것으로 기대된다.

❶17 정치적으로 볼 때 현 세종시 정국을 위기라 할 수 없지만 국민 여론으로 볼 때 심각한 상황임이 분명하다.

'~볼 때'가 반복되어 단조롭다. 다른 표현으로 바꾸면 좋다.

✐17 ① 정치적으로 보면 현 세종시 정국을 위기라 할 수 없지만 국민여론으로 볼 때 심각한 상황임이 분명하다.
② 정치적으로는 현 세종시 정국을 위기라 할 수 없지만 국민 여론으로 볼 때 심각한 상황임이 분명하다.

❶18 성공하려면 우선 자신의 마음자세부터 먼저 신경 써야 한다.

'우선, 먼저'는 의미가 반복되어 중복된 표현이다. 둘 중 하나는 필요하지 않다.

✐18 ① 성공하려면 우선 자신의 마음자세부터 신경 써야 한다.
② 성공하려면 자신의 마음자세부터 먼저 신경 써야 한다.

❶19 나는 이기기 위해 죽기를 각오하고 결사적으로 노력했다.

'죽기를 각오하고', '결사적으로'는 같은 뜻이다. 문장에서 하나만 사용한다.

✐19 ① 나는 이기기 위해 죽기를 각오하고 노력했다.
② 나는 이기기 위해 결사적으로 노력했다.

자주 쓰이는 겹말

겹말은 한자어와 우리말이 어울리는 형태를 띤다. 역전 앞, 옥상 위, 과반수 이상, 처갓집, 해안가, 오랜 숙원 등이 그 예이다. 겹말은 군더더기 표현으로 피해야 한다. 중복된 표현을 빼거나 다른 말로 바꾸어야 깔끔한 표현이 된다.

❶ 복합어처럼 쓰이는 겹말

- 과반수 이상 …………… 과반수
- 가로수나무 …………… 가로수

- 가죽혁대 ……………… 혁대
- 7월 달 ………………… 7월
- 농사일 ………………… 농사
- 우방국 ………………… 우방
- 동해바다 ……………… 동해
- 신년새해 ……………… 새해
- 현안문제 ……………… 현안
- 약수물 ………………… 약수

❷ 주성분에서의 겹말

- 머리를 삭발하다 ……… 삭발하다
- 전기가 누전되다 ……… 누전되다
- 돈을 송금하다 ………… 송금하다, 돈을 보내다, 돈을 부치다
- 비축해 두다 …………… 비축하다
- 결론을 맺다 …………… 결론을 내다, 결론짓다
- 수입해 들여오다 ……… 수입하다

❸ 부속성분에서의 겹말

- 매 분기마다 …………… 분기마다
- 각 나라별 ……………… 나라별, 나라마다

• 남은 여생 ·················· 여생
• 어려운 난관 ·············· 난관
• 날조된 조작극 ··········· 조작극
• 들리는 소문에 ··········· 소문에
• 맡은 바 임무 ··········· 임무

❹ 부사어가 겹말인 경우

• 간단히 요약하면 ········ 요약하면
• 서로 상의하다 ··········· 상의하다
• 회사에 입사하다 ········ 입사하다
• 미리 예견된 ·············· 예견된
• 집에 귀가하다 ··········· 귀가하다
• 구전으로 전해지다 ······ 구전되다, 입으로 전해지다
• 다시 부활하다 ··········· 부활하다

호응이 중요하다

문장은 기본적으로 주어 + 목적어 + 서술어로 구성된다. 이 구성요소가 자연스럽게 결합하지 못하거나 어울리지 않으면 논리적으로 어색한 문장이 된다. 주어와 서술어, 목적어와 서술어, 부사어와 서

술어가 서로 잘 어울려야 한다. 예를 들어, '축구를 차다' 식으로 목적어와 서술어가 호응하지 못하는 경우가 많다. 목적어에 맞는 서술어를 쓰든지, 서술어에 맞게 목적어를 고치든지 해야 한다. 즉 '축구를 하다' 혹은 '공을 차다'로 해야 문장의 구성요소들이 논리적으로도 호응된다. 또 다른 예를 보자. '신문과 TV를 시청했다'는 식으로 목적어가 여러 개이고 서술어가 하나인 경우 각각의 목적어는 서술어에 똑같이 호응해야 하나 그렇지 못한 예가 많다. 목적어마다 서술어와 맞추어 보면서 호응이 되는지 살펴야 한다. 서술어가 목적어에 맞지 않으면 목적어에 맞는 서술어를 추가해야 한다. 즉 '신문을 보고 TV를 시청했다'로 해야 올바른 표현이다. 이렇듯 논리적 오류가 있으면 앞뒤가 맞지 않는 어색한 문장이 된다. 여러 예문들을 통하여 문장을 쓸 때 실수하기 쉬운 호응관계를 살펴보자.

20 부모님이 가장 원하는 선물은 자식들의 방문을 받는 것이다.

'선물은'(주어)과 '받는 것이다'(서술어)가 어울리지 않는다. 선물의 대상이 아닌 행위가 왔기 때문이다. 이처럼 주어와 서술어를 호응시키지 못하는 것은 대부분 주어와 서술어가 멀리 떨어져 있어 필자가 무엇을 주어로 했는지 잊어버리기 때문이다. 문장을 시작할 때 무엇을 주어로 할 것인지 분명히 한 다음 그 주어에 맞게 서술해 나가는 게 요령이다. 위 문장에서 선물을 주어로 선택하고 서술어는 선물의 대상인 방문으로 하면 해결된다.

20 부모님이 가장 원하는 선물은 자식들의 방문이다.

21 나의 간절한 소망은 한 번이라도 장학금을 타고 싶었다.

21는 어느 학생이 TW 시간에 작성한 문장이다. 주어 '소망'과 서술어 '타고 싶다'가 호응하지 못한다. 소망에 어울리는 대상인 장학금을 타는 것으로 해야 올바른 서술 형태가 된다.

21 나의 간절한 소망은 한 번이라도 장학금을 타는 것이었다.

22 우리나라에서 외국인은 73만 명 정도 살고 있다.

언뜻 보면 올바른 문장 같지만 자세히 보면 주어 '외국인'과 서술어 '살고 있다'가 호응이 안 된다. 우리나라에 살고 있는 외국인의 숫자가 몇 명인지를 나타내는 문장이기 때문이다.

22 ① 우리나라에 살고 있는 외국인은 73만 명 정도다.
② 우리나라에서는 73만 명 정도의 외국인이 살고 있다.

23 가장 더운 곳은 도심 아스팔트 광장에서 기온이 40도까지 올랐다.

주어(곳)에 해당하는 서술어가 없다. '광장에서'를 '광장으로'로 바꾸면 된다.

23 가장 더운 곳은 도심 아스팔트 광장으로, 기온이 40도까지 올랐다.

❶24 국내에 조력발전기가 설치될 곳은 강화도, 인천만, 시화호 등 세 곳에서 상업발전을 할 것이다.

주어(곳은)와 서술어(상업발전을 할 것이다)가 호응하지 못한다.

✐24 국내에 조력발전기가 설치되어 상업발전을 할 곳은 강화도, 인천만, 시화호 등 세 곳이다.

❶25 주중에는 산보를, 주말에는 청계산에 오른다.

'산보를'에 해당하는 서술어가 없다. 이렇듯 서술어를 공유하지 못할 경우 각각의 서술어를 갖거나 서술어를 공유하는 형태로 만들어야 한다.

✐25 ① 주중에는 산보를, 주말에는 청계산 등산을 한다.
② 주중에는 산보를 하고, 주말에는 청계산에 오른다.

❶26 푸른 산과 맑은 물이 흐르는 계곡으로 가자.

물은 흐르지만 산은 흐르지 않는다. 논리적으로 맞지 않는다. 따라서 산에 해당하는 서술어를 쓰든지 아니면 산과 물 모두에 어울리는 서술어를 쓰든지 해야 한다.

✐26 ① 푸른 산과 맑은 물이 있는 계곡으로 가자.
② 푸른 산이 있고 맑은 물이 흐르는 계곡으로 가자.

27 대학교육 개혁안에 대해 찬반 논란이 팽팽하게 맞서고 있다.

주어(찬반 논란)와 서술어(맞서고 있다)가 호응되지 않는다.

27 ① 대학교육 개혁안에 대해 찬반이 팽팽하게 맞서고 있다.
② 대학교육 개혁안에 대해 찬반 논란이 거세게 일고 있다.

28 글을 잘 쓰려면 신문과 TV 뉴스를 열심히 시청해야 한다.

신문은 보는 것이지 시청하는 것이 아니다. 신문에 해당하는 서술어가 필요하다.

28 글을 잘 쓰려면 신문을 꼼꼼히 읽고, TV 뉴스를 열심히 시청해야 한다.

29 큰아이는 미술을 좋아하며, 작은아이는 모범생이다.

'~하며'는 앞뒤가 동등한 자격으로 이어 주는 연결어미이다. 즉 미술에 대응하는 음악, 화학을 쓰든지, 혹은 모범생에 대응하는 단어를 써야 논리적으로 호응된다. 말을 조리 있게 해야 하듯이 문장도 이치에 맞게 써야 한다. 앞뒤 흐름, 논리적 인과관계가 자연스러워야 한다.

29 ① 큰아이는 미술을 좋아하며, 작은아이는 화학을 좋아한다.
② 큰아이는 평범한 학생이며, 작은아이는 모범생이다.

30 경기를 이기기 위해서는 최선을 다하는 것이다.

'다하는 것'의 주어가 없다. 따라서 '방법은'이라는 주어와 '다하는 것이다'라는 서술어를 쓰든지, 또는 사람을 주어로 하여 이에 맞는 서술어를 써야 호응을 이룬다.

30 ① 경기를 이기기 위한 방법은 최선을 다하는 것이다.
② 경기를 이기기 위해서 너는 최선을 다해야 한다.

31 내가 보면 꼭 지기 때문에 이번에는 야구 경기를 보지 않겠다.

보는 것과 지는 것의 직접적인 인과관계가 없다. 만약에 인과관계가 있다면 고수익을 창출하는 새로운 직업이 생길 것이다. 따라서 다음과 같이 바꾸는 것이 자연스럽다.

31 내가 본 경기마다 졌기 때문에 이번에는 야구 경기를 보고 싶은 생각이 없다.

수식어는 수식하는 말 바로 앞에 놓는다

문장의 주요 요소는 주어, 목적어, 동사 등이다. 글 쓰는 사람이 이들을 강조하거나 생략할 수는 있어도 문장에는 항상 주어, 목적어,

서술어가 나온다. 그리고 대부분 문장에서 주어, 목적어, 서술어 등을 수식하는 말(수식어)을 사용하는 경우가 많다. 수식어는 기본적으로 주어, 목적어 또는 서술어를 수식할 수 있다. 따라서 수식어의 위치에 따라서 그 의미가 다르게 표현된다. 수식어는 수식하고자 하는 단어 바로 앞에 놓는다.

32 적어도 당신의 월급은 5% 인상될 것이다.

33 당신의 월급은 적어도 5% 인상될 것이다.

32는 '적어도'가 '당신의 월급'을 수식하고 있다. '다른 사람의 월급은 몰라도 적어도 당신의 월급만은 5% 인상될 것이다'라는 뜻이다. 33은 '적어도'가 '5%'를 수식하고 있다. '당신의 월급은 아무리 적게 올라도 5%는 인상될 것이다'라는 뜻이다. 정확하게 동일한 단어를 사용하였지만 수식어의 위치에 따라서 뜻이 다르게 된다. 따라서 필자가 원하는 의미가 정확하게 전달될 수 있도록 수식어는 수식하고자 하는 단어 앞에 놓는다.

34 비행기 추락사고 원인에 대한 솔직하고 객관적인 승무원의 답변을 들었다.

'솔직하고 객관적인'은 승무원을 수식하는 것이 아니라 답변을 수식한다. 34는 승무원 중에서 거짓말하고 주관적인 승무원이 아니라 솔직하고 객관적인 승무원만을 대상으로 답변을 들었다는 의미로 해석할 수 있기 때문이다. 따라서 다음과 같이 수정해야 맞다.

34 비행기 추락사고 원인에 대한 승무원의 솔직하고 객관적인 답변을 들었다.

35 한국도로공사는 15일 폭설로 통행을 통제했던 구간들을 복구하고 영동고속도로 양방향 통행을 재개했다.

15일이 폭설이 온 날인지, 통행을 재개한 날인지 분명하지 않다. 통행을 15일 재개했다고 하면 다음과 같이 수정해야 옳다.

35 한국도로공사는 폭설로 통행을 통제했던 구간들을 복구하고 영동고속도로 양방향 통행을 15일 재개했다.

36 정부는 7일 8일 자정을 기해 지하철 기본요금을 100원 인상한다고 발표했다.

날짜가 나란히 붙어 있어 읽기가 불편하고 의미 파악이 어렵다.

36 정부는 8일 자정을 기해 지하철 기본요금을 100원 인상한다고 7일 발표했다.

37 산사태로 깔려 있던 사람이 9일 오전 8시간 만에 구조됐다.

'9일 오전'과 '8시간 만에'가 나란히 붙어 있어 어색하다.

✍37 산사태로 깔려 있던 사람이 8시간 만인 9일 오전 구조됐다.

주어 없는 문장은 얼굴 없는 사람과 같다

주어(主語)는 말 그대로 문장에서 행위의 주체가 되는 주인이다. 주어가 없으면 행위의 주체가 불분명해진다. 특히 기업의 비즈니스 현장이나 계약서에서 주어가 분명하지 않으면 나중에 분쟁의 소지가 될 수 있다. 주어가 없는 문장은 마치 얼굴 없는 사람과 같다. 반면 주어를 사용하면 행위의 주체가 분명해진다. 한글은 주어를 생략해도 의미 전달에 지장이 없는 경우가 많다. 문장의 흐름을 보면 생략된 주어가 무엇인지 분별할 수 있기 때문이다. 그러나 문장에서 주어는 행위의 주체를 분명하게 해줌으로써 명쾌한 의사소통을 가능하게 한다.

다음 간단한 문장을 생각해 보자. '어머니가 국을 끓인다.' 어머니(주어), 국(목적어), 끓인다(서술어). 이 문장에서 어머니는 주어, 끓인다는 서술어, 국은 목적어이다. 그러나 다음 문장을 분석해 보자. '어제는 아버지의 생신날이었다. 어머니는 집에서 미역국을 끓였다.' 아버지 생신날에 어머니가 미역국을 끓였다는 뜻이다. 즉 미역국을 끓인 배경이 구체적으로 수식되어 있다. 이 문장을 피동태 문장으로 바꿔 보면 어떤 변화가 일어나는지 살펴보자. '미역국은 어머니에 의하여 끓여졌다.' 여러 반찬, 음식들은 다른 사람이 준비를 하거나 구입하였는데, 미역국만은 그렇게 하지 아니하고 어머니가 특별히 직접 끓였다는 것을 의미한다. 이렇게 어떤 것을 주어로 하느냐에 따라서 생각은 문장에서 다르게 표현된다. 즉 간단한 문장일지라도 구조를 바꾸면 문장의 의미가 다르게 전달된다.

문장에서 주어 위치에 신경을 써야 한다. 영어 문장에서 주어는 항상 문장 맨 앞에 나온다. 우리말에서도 주어가 문장의 맨 앞에 나오는 것이 당연하지만, 항상 그렇지는 않다. 특히 주어와 서술어 사이에 많은 수식어가 있는 경우에는 주어 위치를 유연하게 배치해야 한다. 주어와 서술어 사이가 너무 멀게 되면 의미 파악이 어려운 경우가 많기 때문이다. 주어와 관련된 다음의 여러 사례들을 살펴보자.

38 공부를 열심히 하면 좋은 평가를 받는다.

38은 우리말에서 흔히 허용되는 글이다. 그러나 문법적으로 보면 행위 주체가 되는 주어가 없다. 모든 사람, 너, 나, 그 등 특정인을 주어로 하여 문장을 구체화하면 의미파악이 훨씬 정확하게 된다.

38 열심히 공부하는 학생(나, 너, 그, 누구나 등)은 좋은 평가를 받는다.

39 원유 수입을 많이 하면 국제수지 악화에 노출된다.

39 원유수입이 증가하여 한국은 국제수지 악화에 노출된다.

❶40 한국은 중국이 북한 정권이 무능, 부패한 정권임을 알면서도 자국의 이익을 위해 북한 정권을 지지하는 것으로 보고 있다.

'한국(주어)은 ~ 보고 있다(서술어).'에서처럼 주어와 서술어 사이에 수식하는 구절들이 많다. 뿐만 아니라 '한국은, 중국이, 북한 정권'이 나란히 붙어 있어 혼란스럽다. 주어와 서술어를 가까이 놓으면 이런 문제들이 해결된다.

✐40 북한 정권이 무능, 부패한 정권임을 알면서도 중국이 자국의 이익을 위해 북한 정권을 지지하는 것으로 한국은 보고 있다.

❶41 한국 관중들이 25일 피겨스케이팅 결승전에 출전하기 위해 경기장에 들어서는 김연아 선수를 박수로 응원하고 있다.

'한국 관중들이'와 '응원하고 있다.' 사이가 너무 멀다.

✐41 25일 피겨스케이팅 결승전에 출전하기 위해 경기장에 들어서는 김연아 선수를 한국 관중들이 박수로 응원하고 있다.

인칭주어/능동태를 사용하자

피동태에서는 능동적 주체가 될 수 없는 무생물을 주어로 한다. 영어에는 피동형 문장이 있고 자주 사용되지만 우리말에서는 피동형 문장을 쓰면 문장이 어색해지거나, 혹은 행위의 주체가 잘 드러나지 않아서 뜻이 애매해지고 글의 힘도 떨어진다. 문장에서 생물과 무생물이 서로 관련된 내용을 표현할 때, 한글에서는 생물을 주어로 한다. 그래야 능동태로 되어 행위의 주체가 분명해진다. 가급적 능동태를 사용하고, 특히 인칭주어를 사용해야 행위 주체가 분명해진다.

42 저는 교수님의 말씀에 동의한다고 생각됩니다.

우리말에서도 피동형이 있기는 하나 흔한 일은 아니다. 얘기할 때는 행위의 주체를 주어로 삼는 경우가 대부분이므로 문장도 능동형으로 해야 자연스럽다.

42 ① 저는 교수님의 말씀에 동의한다고 생각합니다.
② 저는 교수님의 말씀에 동의합니다.

43 서울행 KTX 열차가 도착되고 있습니다.

수동형보다는 능동형으로 하는 것이 맞다.

43 서울행 KTX 열차가 도착하고 있습니다.

44 연속된 16강 진출 실패가 한국 축구팀을 힘들게 했다.

✐44 연속된 16강 진출 실패로 한국 축구팀은 힘들었다.

❶45 지방자치단체의 호화청사 건설은 중단돼야 한다.

✐45 지방자치단체는 호화청사 건설을 중단해야 한다.

❶46 우리나라의 평준화 교육은 중단되어야 한다.

✐46 우리나라는 평준화 교육을 중단해야 한다.

❶47 한국이 동북아의 주역으로서 우뚝 설 수 있는 기틀이 마련되어야 한다.

✐47 한국이 동북아의 주역으로서 우뚝 설 수 있는 기틀을 마련해야 한다.

요약

1. 형용사, 부사, 접속사 사용을 최대한 절제한다.
2. 단어, 구절, 의미의 중복을 피한다.
3. 주어, 서술어는 호응되게 한다.
4. 수식어는 수식하고자 하는 단어 앞에 놓는다.
5. 주어를 반드시 쓴다.
6. 가급적 인칭주어, 능동태를 사용한다.

연습문제

다음 문장의 틀린 표현을 바르게 고쳐 써 보자.

1. 주어 또는 목적어의 생략

① 포도주에서 시작하여 맥주, 소주, 막걸리, 위스키 등 그 종류를 헤아리기도 어렵다. 이렇게 많은 종류의 술이 있지만 한 가지 공통점을 가지고 있다.

② 여행이란 것은 사람을 자기가 사는 작은 환경에서 끌어내 훨씬 더 큰 세계를 보여준다. 더군다나 나와 같이 서울에서 자라고 배우고 이제 성인이 된 사람에게는 자칫하면 좁아지기 쉬운 자기의 시계를 넓히기 위해서도 좋은 것이다.

③ 우리가 살아가다 보면 고난에 처하기도 하고 역경에 부딪치기도 한다.

④ 아이들은 뱀이 징그러우면서도 보기만 하면 잡으려고 한다.

⑤ 소련은 당초 7일로 예정된 세바르드나제 외무장관의 방북을 연기해 달라는 평양의 요청을 묵살하고 오히려 남북 총리회담의 북측 대표단이 출발하기 하루 앞서 평양을 방문했다.

2. 주어와 서술어의 호응

① 무엇보다도 중요한 것은 인간은 문명의 이기를 사용할 때에는 그것이 인간 자신을 위해 지혜롭게 사용되어야 한다.

② 시골 할머니 댁에서의 며칠은 모든 일들을 돌이켜 보며 미약하나마 앞으로의 생활 전반에 대한 계획의 좋은 시간을 보냈다.

③ 엄청난 환경오염으로 이제는 지구가 위태로울 지경으로 만들었다.

④ 이는 아직도 한국 사회가 권위주의와 무사안일주의를 벗어나지 못했다는 생각이 든다.

3. 적절한 조사의 사용

① 어제 철수는 그 모임에 참석하지 않은 이유를 모르겠다.

② 재해 대책 본부는 이번 중부지방의 홍수로 현재까지 재산 피해가 약 700억 원으로 집계되고 있으나 앞으로는 더욱 증가할 것으로 보인다.

4. 문장의 구조적 안정성

① 작품에 손을 대거나 파손 행위 절대 엄금.

② 대학생으로서의 긍지와 자존심과 자만심으로서가 아닌 서로를 위하여 마음 터놓고 이야기를 나누어 보자.

③ 그리 풍족하지 않은 집안 사정으로 남들과 같은 생활을 하기는 힘들었고 취미생활을 가지지는 못했다.

④ 맑은 물과 흰 구름이 감도는 봉우리를 바라보라.

⑤ 이 책에서는 인간 자유의 소중함과 인간의 권리가 존중받아야 한다는 점을 강조하고 있다.

⑥ 요즘 들어 경쟁력을 강화하고 생산성의 향상을 위해 경영 혁신이 요구되어지고 있다.

5. 불필요한 피동문의 사용을 피할 것

① 사이비 종교가 많은 사람들에 의해 믿어지고 있다.

② 내년 초부터 실시할 수 있도록 종합건설계획이 완성되었다.

③ 그는 눈썹이 뽑아져 나갈 정도로 열심히 뛰어다니며 일은 한다.

④ 세계의 관심이 한국에 모아지고 있다.

6. 쉽고 바른 우리말 표현

① 사건의 진위는 차치하고라도 그 전후 사정을 알아야겠다.

② 내 부탁을 일언지하에 거절하다니 괘씸하구나.

③ 그 점에 있어서는 그들도 마찬가지가 아닌가.

④ 일에의 염원을 담고 통일 기차는 출발했다.

⑤ 사람이 유도리가 있어야지 그렇게 일을 무데뽀로 한다고 일이 되나?

⑥ 우리는 지금 아침밥을 먹는 중에 있다.

⑦ 21세기에는 세계가 하나가 될 것이라는 예언은 주목에 값한다.

7. 기타

① 세종대왕이 훈민정음을 만드신 것은 모든 한자 사용을 아주 없애고자 한 의도였다.

② 시험 준비에 시달린 탓인지 신체가 많이 줄었다.

③ 접시 위에는 한 개의 사과가 놓여 있었었다.

④ 한국이라는 곳은 참으로 폭력적인 사회라고 외국인들은 말한다.

⑤ 운동의 방향성을 찾지 못하고 있다.

⑥ 대체적으로 무난한 대회였다.

⑦ 촛불 집회는 평화리에 끝났다.

⑧ 탑마을이라고 불리는 마을이 있다.

⑨ 인간에게 있어서 생명이 가장 소중한 것임은 자명한 일이 아닌가.

⑩ 나의 집의 뒤의 나의 밭의 감나무.

10

핵심내용을 대변하는 단어는 오직 하나다

교육목표

핵심내용을 정확하게 대변하는 단어는
오직 하나밖에 없음을 이해한다.

글은 단어, 문장, 문단으로 이루어져 있다. 단어들이 문맥에 적절하게 결합되면 문장이 되고, 소주제가 드러나도록 문장들을 구성하면 문단이 된다. 그리고 여러 개의 문단들이 모여서 주제를 드러내면 하나의 완성된 글이 된다. 따라서 글을 잘 쓴다는 것은 정확한 단어를 선택하고, 이를 알기 쉽게 문장과 문단으로 나열하는 과정이다. 이 장에서는 문장의 핵심요소인 단어를 집중적으로 다루어 보려고 한다.

핵심내용을 정확하게 표현할 수 있는 단어는 오직 하나밖에 없다

> 일물일어 법칙(一物一語 法則)
> 한 단어 = 한 뜻: one word = one meaning

일물일어 법칙은 '하나의 단어는 하나의 의미를 갖는다.'는 뜻이다. 좀 더 정확히 얘기하면 핵심내용을 정확하게 표현할 수 있는 단어는 이 세상에 하나밖에 없다는 의미이다. 한 예를 들어보자. 2008년 초 이명박 정부는 그 동안 광우병 위험 때문에 중단되었던 미국산 쇠고기 수입을 다시 시작하기로 결정하였다. 그때 정부정책에 대하여 찬성과 반대의견이 날카롭게 대립하였다. 광우병에 노출될 위험이 있어서 수입해서는 안 된다는 의견과 광우병 위험은 과장되었고, 한미 FTA 체결을 위해서는 수입을 허용해야 한다는 의견이 있었다.

찬반토론이 활발한 가운데 신문, TV에서 안전성과 안정성을 혼돈하여 사용한 경우가 자주 있었다.

'미국산 쇠고기의 안정성에 대한 한국인들의 신뢰가 회복될 때까지……'

안전성(安全性)은 위험의 반대 개념으로 영어의 'safety'에 대응하는 한자어다. 안정성(安定性)은 물리적 · 화학적 힘 등 외부의 영향에 잘 변하지 않고 원래의 상태를 유지하는 성질을 의미하는 'stability'에 대응하는 한자어다. 따라서 위 문장에서 안정성은 안전성으로 해야 올바른 표현이다. 이렇게 안전성과 안정성은 의미가 다름에도 불구하고 기자들조차 그 의미를 혼돈하여 사용한 예이다. 글을 쓸 때 자신이 전달하려는 핵심내용을 정확하게 대변하는 단어는 이 세상에 단 하나밖에 없다.

연습문제

'안전성, 안정성'을 활용하여 다음 문장의 빈 칸을 채워 보자.

- 정치적 _____은 경제발전의 밑거름이 되었다.
- 먹을거리의 _____은 아무리 강조해도 지나치지 않다.
- 헬륨, 네온은 화학적으로 _____하여 불활성(不活性) 기체라고 부른다. 헬륨, 네온은 원소의 특성상 다른 물질과 화학적으로 반응하지 않는다. 즉 화학적 _____이 높은 물질이다.

어떤 핵심내용과 개념을 담는 단어(개념어)는 대부분 한자어다. 같은 동양 문화권인데다가 역사적으로 중국의 영향을 많이 받아 왔기 때문이다. 국립국어연구원에서 편집한 표준국어대사전에 수록된 총 어휘는 약 44만 종이며, 그중 한자어는 약 70%를 차지한다. 그리고 우리가 일상생활에서 사용하고 있는 개념어의 90% 이상은 한자어다. 비슷한 단어의 차이를 이해하고 가장 알맞은 단어를 선택해야 정확한 표현이 가능하다. 문맥에 맞지 않는 부적절한 단어를 사용하면 전반적으로 글의 신뢰도를 떨어뜨린다. 한자에 대한 공부를 틈틈이 해서 단어의 뜻을 정확하게 알아야 정확한 단어를 선택할 수 있다. 기본적인 한자지식이 있어야만 필자가 나타내고자 하는 핵심내용을 정확한 단어로 표현할 수 있다. 일상생활에서 자주 혼동하는 단어 사례들을 보자.

1 최고경영자는 조직 운영과 정책 운용을 잘 해야 한다.

운영(運營)은 조직, 기구를 경영하는 것을 말하며, 운용(運用)은 정책, 제도 등을 움직이게 하거나 활용하는 것을 말한다. 한자어 뜻을 정확하게 이해하면 운영과 운용을 잘 구별할 수 있다.

2 은행장은 어음결제를 주장하는 보고서에 결재하였다.

결제(決濟)는 매매당사자 사이의 거래 관계가 이루어져 끝맺는 것을 말하며, 결재(決裁)는 부하가 제출한 안건을 의사결정권자가 허가하거나 승인하는 결단을 뜻한다.

3 직장에서 성공하려면 정책을 개발하고 자기계발에 힘써야 한다.

개발(開發)은 토지, 자원, 생각 등을 개척하여 유용하게 이용하거나 발전하게 하는 것을 말하며, 계발(啓發)은 잠재적인 능력, 재능을 일깨워서 이끌어 주는 것을 의미한다. 녹색산업개발, 국토개발이 맞고 창의력계발, 자기계발이 맞는 표현이다.

4 정치적 결단이 없으면 나라가 결딴나게 생겼다.

결단(決斷)은 결정적인 판단이나 결정을 의미하는 한자어이고, 결딴은 망가져 손을 쓸 수 없는 상태를 뜻하는 순수한 우리말이다.

5 교통사고 여파로 승용차 이용자들이 곤욕을 치르고 있어서 경찰이 정리하느라 곤혹스러워하고 있다.

곤욕(困辱)은 심한 모욕 또는 참기 힘든 상황을 의미하며, 곤혹(困惑)은 곤란한 일을 당하여 어찌할 바를 모르고 당황스러워 하는 것을 뜻한다.

6 선진국을 지향하려면 과도한 술 문화는 지양해야 한다.

지향(志向)은 어떤 목표를 향하여 나아가는 것을 뜻하며, 지양(止揚)은 더 높은 단계로 가기 위해 어떤 것을 하지 않고 피하는 것을 의미한다.

07 우리나라 전통가옥을 훌륭하게 재현한 민속촌 사건현장에서 범인은 태연하게 범행을 재연하였다.

재현(再現)은 다시 표현해 나타내는 것을 말하며, 재연(再演)은 연극이나 영화 등을 되풀이하여 상연하는 것을 말한다.

08 공중전 승리의 주인공은 이경남 대령이고, 백령도 해전 패배의 장본인은 최익현 중령이다.

주인공은 긍정적인 곳에 어울리고, 장본인은 부정적인 곳에 잘 어울린다.

09 광화문을 가리키고 있는 사람은 한국사를 가르치는 교수님이다.

자주 혼동하는 단어 중에 가리키다와 가르치다가 있다. 가리키다는 손가락으로 어떤 방향이나 대상을 짚어 나타내는 것을 말하고, 가르치다는 선생님이 학생에게 지식을 깨닫게 할 때 쓰는 말이다.

이렇듯 한자어나 우리말의 정확한 뜻을 이해해야 자신이 드러내고자 하는 내용을 제대로 대변하는 단어를 사용할 수 있다. 핵심내용을 정확하게 대변하는 단어는 이 세상에 단 하나밖에 없다는 사실을 늘 마음에 두어야 한다. 그리고 이를 바탕으로 자신이 소통하고자하는 내용을 가장 잘 드러낼 수 있는 단어를 선택해서 글 쓰는 데 사용해야 한다.

단어 선택이 경쟁력이다

2008년 미국에서는 대통령 선거가 있었다. 저자는 오바마가 연설할 때 사용하는 연설대 앞에 쓰여 있던 단어를 주목(注目)하였다. 그 단어는 변화(change)였다. 미국인과 미국 사회가 간절히 원하는 가치를 오바마는 변화라는 말로 표현하였다. 이 단어는 미국인들 가슴 속을 파고들었다. 오바마가 미국 대통령에 선출된 데는 여러 이유들이 있겠지만, 자신이 지향하는 정책방향을 상징하는 정확한 단어를 선택하여 대중과 소통하는 탁월한 능력이 가장 중요하였다고 저자는 생각한다.

1993년에 선택된 14대 김영삼 대통령이 이끈 정부를 언론은 문민정부라고 불렀다. 박정희, 전두환, 노태우 대통령이 직업군인 출신인 것과 구별하기 위해서였다. 15대 김대중 대통령이 이끌었던 정부를 언론은 국민의 정부라고 불렀다. 선거에 의한 여야 평화적 정권교체를 상징하는 단어였다. 16대 노무현 대통령이 이끌었던 정부를 참여정부라고 불렀다. 국민 대다수의 정치과정 참여를 상징하는 의미였다. 이렇게 언론은 각 정권의 정체성을 정확히 상징하는 단어를 선택하였다. 17대 이명박 대통령은 다른 정부와 달리 정체성을 상징하는 정부 이름 대신에 본인의 이름을 붙인 이명박 정부라고 불리기를 원하였다. 본인의 이름 자체가 상표인 셈이다. 미국, 일본에서는 최고 통치자 이름을 붙이듯이 말이다.

연구과제를 제안할 때 많은 과학자들이 고심하는 문제가 과제 제목을 정하는 일이다. 진부(陳腐)한 제목을 피하고 참신하면서 첨단기술을 표현할 수 있는 단어를 선택하기 위해서이다. 요즘 최대 화두는 '저탄소 녹색성장'이다. 많은 과제들이 저탄소 녹색성장과 직간접으로 연결하려고 애를 쓰고 있다. 심사(審査)하는 사람들은 연구과제의 제목을 보고 과제를 채택할 것인지 아니면 탈락시킬 것인지 50% 이상 마음의 결정을 한다. 그리고 나머지 본문을 읽고, 최종적으로 심사한다. 그러니 과제 제목을 정하기 위해 과학자들이 적당한 단어 선택을 하느라 고민한다.

광고에서도 단어 선택은 결정적이다. 영화 광고를 보라. 모두 한 장면이다. 제작비가 얼마이든지 상관없다. 광고는 그림과 단어 몇 개가 전부이다. 한 장의 광고를 통하여 사람들을 감동시켜야만 한다. 자연히 그림, 단어 선택이 중요할 수밖에 없다. 광고 설계를 전문으로 하는 카피라이터(copywriter)는 광고에 들어가는 단어 선택을 전문으로 하는 사람이다. 이들이 단어 선택에 얼마나 고민하겠는가! 단어 선택은 그들에게 경쟁력 자체이다.

상품 이름을 짓는 데도 단어 선택은 매우 중요하다. 소나타, 에쿠스, 엑스캔버스, 참이슬, 설화수, e-편한 세상, 자이, 힐스테이트 등 우리들이 잘 기억하고 있는 상표 이름들은 모두 치열한 고민 끝에 나온 단어들이다. 회사들은 상표 이름을 소비자들에게 각인(刻印)시키기 위하여 막대한 광고비를 지출한다.

신문도 기사 제목을 결정하기 위한 단어 선택에 사활(死活)을 건다.

기사 제목만 보아도 기사 내용을 대충 이해할 수 있을 정도이다. 한 예로 2008년 12월 17일자 연합뉴스 기사 제목을 보자. 李 대통령, 중소기업인들과 '깜짝 만찬.' 기사 제목은 李 대통령이 중소기업인들 만찬장에 예고도 없이 깜짝 방문하여 그들을 격려하였다는 기사 내용을 쉽게 짐작할 수 있게 한다. 또 다른 예로 2008년 5월 27일 중앙일보 기사 제목이 있다. '인간의 지진 예측, 두꺼비만도 못하다'는 제목의 기사는 2008년 5월 12일 중국 쓰촨성에 진도 7.9의 강력한 지진이 발생하기 3일 전에 두꺼비 수십만 마리가 도로를 뒤덮고 이동하는 돌발행동을 다루고 있다. 사람들은 처음에 두꺼비의 돌발행동을 이해하지 못하였다. 3일 후 지진이 발생하고 나서야 사람들은 두꺼비가 지진 발생을 예측하고 미리 안전지대로 대피한 것임을 알게 되었다. 이를 뒤늦게 기사화하면서 재미있는 기사 제목을 뽑은 것이었다. 첨단과학의 혜택을 누리며 살고 있는 21세기이지만 아직도 지진을 예측하는 능력은 야생동물보다도 못하다는 자조 섞인 기사 제목인 셈이다.

신문기사를 작성할 때도 단어 선택은 중요하다. 독자에게 글로 정보를 전달하는 신문이 단어의 힘을 잘 알기 때문이다. 2008년 12월 19일자 중앙일보는 환율 관련 기사와 그래프를 통화가치 기준으로 변경하기로 하였다는 기사를 보도하였다. '원화 환율이 연중 최고'가 아니라 '원화가치 연중 최저'로 쓴다는 것이다. 통화가치는 떨어졌는데 환율은 올랐다는 표현은 일반인을 헷갈리게 한다는 것이다. 2008년 10월 미국은 금융위기를 맞이하여 많은 기업들이 정부로부터 금융지원을 원하였다. 지원 여부는 의회에서 승인을 해야 가능하였다. 그 상황을 재무장관은 다음과 같이 표현하였다. "현재 미국 경제는 동맥경화에 걸려 있다. 방치하면 심장마비로 죽는다." 미국에서 돈이 돌지 않아서 경제가 마비되는 상황을 동맥경화로 설명하고 있다. 동맥경화 환자를 그대로 방치하면 심장마비로 사망하듯이 당장 정부가 시장에 자금을 지원하지 않으면 경제가 망한다는 절박한 상황을 의미하고 있다. 신문기자는 전문적이고 어려운 내용을 일반 독자들에게 쉽게 전달하기 위하여 적절한 비유를 들면서까지 노력하고 있다. 단어 자체가 소통에 중요한 요소임을 알기 때문이다. 단어 선택이 곧 경쟁력인 시대에 우리는 살고 있다.

새로운 개념을 표현하는 새로운 단어

새로운 개념을 표현하기 위하여 새로운 단어들이 필요하다. 새로운 단어들은 전달하고자 하는 내용을 간단, 명쾌하게 표현할 수 있기 때문이다. 예를 들면 다음과 같다.

- 교육(Education) + 오락(Entertainment) = 에듀테인먼트(Edutainment)
- blue ocean + consumer = 블루슈머(bluesumer)
- SNS(social networking service)

에듀테인먼트는 교육과 오락의 합성어이다. 우리나라에서 문화콘텐츠의 미래성장 분야 중 하나로 선정하여 적극적인 육성을 하고 있는 분야다. 블루슈머는 blue ocean(직접적인 해석은 푸른 대양. 경쟁자가 없어 독점적으로 매출, 이익을 즐길 수 있는 매력적인 시장)과 소비자를 합성한 단어이다. blue ocean에 존재하는 소비자를 의미한다. 우리나라에서는 경제, 정신적으로 여유로운 3040세대를 말한다. 실제 소비를 많이 하는 그룹이므로 기업의 입장에서는 중요한 소비자 계층이다. SNS는 온라인상에서 불특정 타인과 관계를 맺을 수 있는 서비스를 말한다. 요즈음 한참 인기를 누리고 있는 트위터(twitter), 페이스북(facebook) 등을 의미한다. 이렇게 새로운 개념을 표현하기 위하여 새로운 단어를 만든 것이다. 네티즌, 사이버 공간, 댓글, 블로그, 홈페이지, SNS 등 인터넷 언어는 정보화 사회가 만들어 낸 새로운 개념어이다. 사회가 변화함에 따라서 새로운 개념의 단어들이 끊임없이 만들어지고 있다.

단어는 이미지를 드러낸다

어떤 개념이나 내용을 상징하는 단어는 특정 이미지를 풍긴다. 1970년대 요업공학과가 있었다. 학생들은 요업공학과에서 변기, 밥그릇 만드는 것을 배우는 것으로 생각하였기 때문에 우수한 학생들이 관심을 갖지 않았다. 이름을 재료공학과로 바꾼 뒤에야 비로소 우수한 학생들이 오기 시작하였다. 지금은 신소재공학과로 바뀌어 나노공학 등 첨단 기술의 이미지를 갖고 있다. 농약(農藥)은 본질적으로 농업에 사용하는 약이다. 잡초를 제거하는 제초제, 병원균을

예방하는 살균제, 해충을 죽이는 살충제가 모두 농약이다. 농업에 없어서는 안 될 필수품이다. 그런데 농약의 무분별한 사용, 예상하지 못했던 부작용 등으로 환경오염의 원인이 되었다. 심지어 농약을 먹고 자살하는 경우도 있다. 농약에 대한 부정적인 생각이 증가하였다. 농약의 부정적 이미지를 없애기 위하여 농약을 작물보호제로 부르는 움직임이 증가하였다. 해충, 병원균, 잡초로부터 작물을 보호하는 제품이라는 것이다. 이렇듯 단어는 특정하게 대중적 이미지를 풍기기 때문에 어떤 개념이나 내용을 상징하는 단어를 결정할 때는 고민에 고민을 거듭해야 한다.

정부도 정책 홍보를 위하여 단어의 선택을 중요하게 여긴다. 2008년 12월 19일자 동아일보 기사를 한 예로 보자. 청와대는 2008년 12월 15일 지역발전정책 발표 때부터 한강 · 낙동강 · 금강 · 영산강 등 4대 강 정비 사업을 '4대 강 살리기'로 고쳐 부르고 있다. 정비라는 단어는 시대감각이 뒤지는 굴뚝산업시대의 이미지를 풍기고 있다. 살리기라는 단어는 친환경적이고 긍정적인 이미지를 풍긴다. 또한 정치권 일각에서 '4대 강 사업이 곧 한반도 대운하로 연결될 것'이라는 주장이 나오는 상황에서 기존 명칭 중 '정비'라는 표현이 이 같은 추측을 더욱 부채질할 수 있다는 판단 때문이었다. 단어는 의미뿐만 아니라 이미지를 드러내기 때문에 홍보 · 광고 분야에서 긍정적인 단어 선택이 중요하다.

신문기사 제목을 자세히 보면 신문사의 편집방향까지도 알 수 있다. 2008년 연말이 되자 이명박 정부는 고위 공무원에 대한 일괄사표를 받기 시작하였다. 이를 보도하는 두 신문의 기사 제목을 보자. 12월 17일자 중앙일보는 '국정 걸림돌 고위직 솎아낸다'라는 기사 제목을 뽑았다. 일괄사표의 원인이 국정 수행의 방해가 되는 고위직 공무원을 솎아내는 과정이라는 의미로 일괄사표의 정당성을 표현하는 기사 제목이다. 그러나 다음 날 한겨레신문은 'MB코드 강요, 공무원은 눈치 본다'라는 다소 부정적인 기사 제목을 뽑았다. 두 신문사의 편집성향을 분명하게 드러내고 있다. 신문기사 제목만 자세히 봐도 신문의 편집방향을 쉽게 이해할 수 있다.

《워딩파워》를 쓴 송숙희 씨는 글을 쓸 때 다음과 같은 조건들을 만족하는 단어 선택을 제안하고 있다.

- 당신의 메시지를 한마디로 끝내라.
- 꿈과 환상을 자극하라.
- 인식을 지배하라.
- 단번에 각인시켜라.
- 거절할 수 없게 제안하라.

소심한 것은 부정적 생각의 틀을 반영한다. 섬세한 것은 긍정적 생각의 틀이다. 실패 대신에 지연된 성공이라 하면 긍정적인 인식을 전달할 수 있다. 실업자라는 말 대신에 창업 준비 중이라고 표현하면 훨씬 긍정적 이미지를 풍긴다. 위기는 위험과 기회를 의미한다. 위기 자체를 보고 위축될 수도 있으나 한편으로는 위험하지만 기회로 생각할 수도 있다. 결국 핵심은 단어 선택이다. 자신의 생각의 틀을 반영할 수 있는 단어, 다른 사람의 인식을 지배하는 단어 선택이 곧 경쟁력이다.

연습문제

1. 자신의 꿈을 한 단어로 표현해 보자.
2. 단어 때문에 손해보는 경우를 생각해 보자.
3. 단어를 바꾸어 이미지를 바꾼 예를 들어 보자.

공식문서에서 사용하는 단어는 법적 구속력을 갖는다

회사와 회사 또는 국가와 국가 사이에는 여러 가지 형태의 계약을 체결한다. 개발, 판매, 인수합병에 대한 계약부터 조약, 양해각서, 의향서 등에 이르기까지 수많은 공식문서에는 각각 핵심단어들이 독특한 의미로 사용되고 있다. 예를 들어 배타적(排他的, exclusive)이란 독점적 권리라는 뜻으로 사용한다. 중요한 계약서, 국가 간의 공식문서는 정식으로 체결하기 전에 반드시 단어, 문장에 대한 세심한 법률적 검토를 거친다. 공식문서에 사용한 단어의 정확한 의미를 바로 이해하기 위해서이다. 단어의 뜻을 대충 알고 계약을 맺었다가 분쟁이 발생하여 손해를 보는 경우를 미리 방지해야 하기 때문이다. 예를 들어 우선 협상대상자, 배타적 권리, 독점판매권, 비독점판매권,

비배타적(nonexclusive) 권리, 의향서(LOI), 양해각서(MOU), 배타적 경제수역 등에 대하여 정확한 법률적 의미를 알고 정확하게 선택하고, 사용해야 한다.

- 의향서(意向書, letter of intention, LOI): 어떤 행동을 취하겠다는 의사를 나타내는 문서
- 양해각서(諒解覺書, memorandum of understanding, MOU): 정식계약 체결에 앞서 당사자 사이의 협상 결과 서로 양해된 내용을 확인하는 문서

의향서는 단지 의지를 표현한 문서이다. 사정이 있어서 실행하지 않아도 그만이다. 양해각서는 의향서보다 좀 더 진전된 합의이지만 법적 구속력은 없다. 보통 의향서 작성 후에 양해각서를 체결한다. 양해각서는 정식 계약으로 옮기기 바로 직전 합의라고 보면 된다. 이렇듯 정확한 단어 선택은 회사나 국가의 공식문서 작성에서도 매우 중요하다.

단어의 대등성을 살려야 한다

문장에서 단어를 나열할 때는 같은 성격을 유지해야 한다. 한국, 일본, 미국처럼 국가를 나열할 때는 국가만 나와야 하고, 서울, 뉴욕, 런던처럼 도시를 나열할 때는 도시만 나와야 한다. 이 둘이 섞이면

논리적 연결이 깨진다. 다음 예문을 보자.

10 어머니는 불교를 믿지만 나는 교회를 믿는다.

불교와 교회는 대등하지 않다. 불교와 대등한 단어인 기독교를 써야 올바른 표현이다.

연습문제

다음 문장의 틀린 곳을 바로 잡아 보자.

한류 열풍을 타고 한국 드라마가 태국, 일본, 중국, 호치민 등에서 인기를 누리고 있다.

이렇듯이 글을 쓸 때 문맥에 맞는 정확한 단어, 대등한 단어를 선택하고 사용해야 한다. 그래야 필자는 글을 통하여 정확한 내용을 전달할 수 있으며, 올바른 소통을 할 수 있다.

어려운 전문용어는 쉽게 설명을 덧붙이는 것이 좋다

글을 쓰다 보면 전문용어를 불가피하게 사용하는 경우가 있다. 이때 전문용어는 풀어서 설명함으로써 독자가 쉽게 이해할 수 있도록 배려해야 한다. 다음 글을 보자.

> 11 스티븐스 대사는 한 · 미 원자력협정 개정을 앞두고 "사용후 연료가 당면한 문제"라고 했다. 사용후 연료 재처리 문제에 대해선, 한 · 미가 최근 '파이로프로세싱(핵연료건식처리)'의 타당성에 대해 논의했다. 파이로프로세싱은 원자력발전 후 남은 핵연료를 연료로 재활용할 수 있도록 개발 중인 신기술로, 이 방식을 활용하면 핵무기로 전용하기 어렵다는 장점이 있다.
>
> 스티븐스 미국대사 인터뷰, 조선일보, 2010. 2. 13

위 신문기사에서 파이로프로세싱이라는 원자력 전문용어가 나오고 이어서 파이로프로세싱을 설명하는 문장이 나오는 것을 주목하자. 원자력 전문가가 아니면 이해할 수 없는 전문용어를 쉽게 설명함으로써 독자의 이해를 돕기 위함이다. 다음 글은 파이로프로세싱에 대한 자세한 설명이다. 이렇게 자세한 설명은 필요하지 않을지라도 적어도 파이로프로세싱에 대한 설명을 간단히 함으로써 독자의 이해를 돕는 것이 필요하다.

> 12 파이로프로세싱이란 사용후 핵연료(원자력발전 후 남은 핵연료, spent fuel)를 처리해 다시 원전에서 사용할 수 있도록 하는 기술이다. 파이로프로세싱은 사용후 핵연료에 포함된 우라늄을 회수해 4세대 원자로인 고속로의 연료는 물론 중수로 연료로도 사용할 수 있다. 사용후 핵연료는 1%의 플루토늄과 93%의 우라늄을 포함하고 있기 때문에 안전성과 경제성이 획기적으로 향상된다. 실제로 파이로프로세싱을 거치면 사용후 핵연료의 부피는 20분의 1로 줄어들고, 발열량은 100분의 1, 독성 감소 기간인 반감기는 1,000분의 1까지 떨어진다. 또한 파이로프로세싱은 고체공법으로 처리되기 때문에 '핵연료 건

식처리'라고도 불리며, 사용후 핵연료 처리를 통해 순도가 높은 플루토늄을 생산하지 않기 때문에 핵무기로 이용될 가능성이 없다는 장점이 있다.

일반대중을 독자로 하여 글을 쓸 때 전문용어 사용은 가급적 절제해야 하고, 불가피하게 전문용어를 사용할 경우에는 쉽게 풀어서 설명하는 것이 좋다. TW에서 글 쓰는 목적은 소통에 있음을 늘 명심해야 한다.

요약

1. 한 단어는 한 뜻만을 지닌다.
2. 핵심내용을 정확히 대변하는 단어는 오직 하나밖에 없다.
3. 정확한 단어를 선택하기 위해서는 한자 어휘력을 길러야 한다.

연습문제

1. 잘못된 단어 사용의 예를 찾아 보자.
2. 새로운 개념을 설명하는 새로운 단어 예 다섯 개를 찾아 보자.

11

자기소개서 작성

교육목표

1. 기업이 원하는 능력과 자질을 이해한다.
2. 자기소개서는 구체적 경험과 사례를 중심으로 정확 · 간결 · 명쾌하게 작성한다.

요즘 한국 대학생들의 최대 관심사는 졸업 후 취업문제이다. 글쓰기 강의를 듣는 이유를 질문하면 학생들은 '자기소개서 작성에 도움이 될 것 같아서'라고 대부분 답변을 한다. 취업문제가 학생들에게 큰 관심 사항임을 보여 주는 단적인 예이다. 따라서 이 장에서는 TW의 구체적 적용 예로서 대학생들이 기업에 취직하는 것에 초점을 맞추어 자기소개서 작성법을 다루고자 한다.

기업의 본질과 인재 선발

자기소개서 작성법을 다루기 전에, 먼저 우리는 기업의 본질을 이해해야 한다. 기업은 기업 활동을 통하여 매출과 이윤을 추구하는 대표적인 이익사회(Gesellshaft)이다. 21세기 글로벌 경제체제에서 기업은 국경을 넘어서 서로 무한경쟁을 하면서 기업 활동을 한다. 기업은 당장의 이익추구뿐만 아니라 미래의 경쟁력을 확보하기 위해서도 지속적인 성장을 추구하고 있다. 이런 기업 활동에서 가장 중요한 일은 우수인재를 확보하는 일이다. 우수인재는 기업 경쟁력의 원천이기 때문이다. 기업이 우수인재를 확보하기 위한 여러 노력들을 하는 것이나, 신입사원을 채용한 후 자기 회사 목적에 맞게끔 많은 예산을 들여서 교육훈련을 하는 이유는 기업 활동에 핵심요소인 우수인재의 중요성을 누구보다 잘 인식하고 있기 때문이다. 우수인재는 기업 경쟁력의 핵심요소이다.

기업의 본질과 인재 선발

기업: 지속적인 매출, 이윤 추구하는 이익집단

경쟁력의 핵심: 우수인재

인재 선발: 이력서, 자기소개서, 면접 등

대규모로 조직화되어 있는 기업 입장에서 우수인재를 확보하기 위해서는 우선 취직하고자 하는 지원자들에 대한 기본적인 정보들(예를 들어 이름, 나이, 성별, 가족관계, 종교, 연락처, 학력 및 경력 등)을 기업은 알아야 한다. 기업이 맨 먼저 이력서를 요구하는 이유다. 그러나 이력서만 가지고는 우수인재 여부를 판단하기 부족하여, 자기소개서를 요구하고 면접을 추가로 실시한다. 기업 입장에서는 자기소개서가 이력서에서 다루지 못한 지원자의 능력과 자질을 평가할 수 있는 기회다. 지원자 입장에서는 자기소개서가 이력서에서 미처 표현하지 못한 자신의 강점을 부각시킬 수 있는 기회가 된다. 따라서 이력서에 나와 있는 정보를 다시 자기소개서에 단순하게 옮겨 적는 일은 자기소개서의 근본 취지를 이해하지 못한 어리석은 행위이다. 모처럼 자신을 드러낼 기회를 스스로 포기하는 행위이고, 기업이 알고자 하는 정보를 제공하는 기회를 박탈하는 것이기 때문이다.

기업이 요구하는 능력과 자질

자기소개서를 작성할 때 지원자는 우선 기업이 어떤 능력과 자질을 갖춘 사람을 원하는지를 정확히 알아야 한다. 지원자 입장에서는 기업이 고객인 셈이다. TW에서 가장 중요한 것은 상대방을 고려하는 일이기 때문에 지원자는 철저히 기업이 원하는 정보에 초점을 맞추어 자기소개서를 작성해야 한다. 각기 원하는 인재상이 조금씩 다르긴 하나 기업들은 공통적으로 다음과 같은 능력과 자질을 원하고 있다.

❶ 적극적이고 긍정적인 사고

기업은 목표를 달성할 수 있다는 신념을 가지고 실천하는 강한 추진력을 가진 사람을 좋아한다. 기업 활동을 하다 보면 온갖 어려움들을 만난다. 당초 계획대로 순조롭게 진행되는 경우는 드물고, 예상하지 못하였던 어려움을 만날 때가 자주 있다. 이럴 때 주저앉고, 포기하기보다는 지혜를 짜내 새로운 시도를 하는 사람, 즉 적극적이고 긍정적인 사고로 목표를 향해 전진하는 사람을 좋아한다.

❷ 창의성

창의성은 새로운 개념과 지식, 지혜로 기업이 안고 있는 어려운 문제들을 해결할 수 있는 능력을 말한다. 대부분 기업은 전 세계적으로 같은 분야에서 다른 기업들과 무한경쟁을 한다. 무한경쟁에서 이기기 위해 기업은 그들이 갖고 있는 특유의 어려운 문제들을 해결할 수 있는 창의성 있는 사람을 좋아한다. 어려운 문제들을 해결한다는 것은 곧 다른 경쟁기업보다 유리한 입장에서 기업 활동을 할 수 있기 때문이다. 예를 들어서 태양열 발전을 보자. 누가 어떤 소재와 기술을 가지고 태양열을 전기 에너지로 높게 변환시킬 수 있는가를 놓고 많은 기업들이 연구개발 경쟁을 하고 있다. 당연히 창의성이 풍부하여 이런 기술적 문제들을 해결할 수 있는 사람을 채용하고 싶어 한다. 또 영업도 마찬가지이다. 수많은 기업들이 동일한 상품을 취급하고 있다. 이럴 때 남과 차별화된 방법으로 매출을 더 올릴 수 있는 사람이 있다면 당연히 기업은 이런 사람을 뽑고 싶어 할 것이다. 많은 분야에서 기업들은 그들이 갖고 있는 어려운 문제들을 해결할 수 있는 창의성 있는 사람을 좋아한다.

❸ 글로벌 마인드

글로벌 마인드(global mind)는 다른 나라의 문화, 관습, 제도와 차이를 이해하고 포용하며, 세계적 관점에서 기업 활동을 유연하게 전개하는 능력을 말한다. 자유경제체제하에서 기업은 국경을 넘나들며 여러 국가들에서 기업 활동을 전개하고 있다. 각 나라는 고유의 문화, 관습 등 생활습관과 제도를 가지고 있다. 자기 문화, 사고방식만을 고집한다면 여러 나라에서 성공적인 기업 활동을 할 수 없을 것이다. 다른 나라의 문화, 생활방식, 각종 제도를 이해하고 존중하며, 이들에 유연하게 대처하고 소통하는 능력이야말로 기업이 필요로 하는 능력이다.

❹ 역발상 능력

역발상은 기존의 고정 관념, 틀을 깨고 새로운 안목과 틀로 접근하여 문제를 해결하는 능력을 말한다. 많은 경우, 한 분야에 오랫동안 일한 전문가의 전문지식 자체가 문제를 해결하는 데 걸림이 될 때가 있다. 이럴 때 역발상으로 접근하여 문제를 쉽게 푸는 경우가 종종 있다. 1장에서 언급한 머리카락 수, 한반도의 황사 무게, 한반도의 멧돼지 숫자, 서산 간척지 공사에서 정주영 공법 등은 모두 역발상으로 문제를 푼 경우이다. 대부분 사람은 자기가 갖고 있는 뇌세포의 5%만을 활용하며 산다고 한다. 누구든지 뇌세포 활용도를 2~3%만 증가시켜도 많은 문제들을 풀 수 있는 역발상 능력을 갖게 된다. 현대그룹의 창업자인 고 정주영 회장이 조선소를 건립하면서 동시에 선박 수주활동을 하였다는 것은 다른 사람이 흉내 내기 힘든 역발상의 결과물이다. 문제가 크든 작든, 기존 관념, 틀을 깨고 경쟁기업과 차별화된 역발상으로 기업을 성공적으로 이끈 경우가 많이 있다. 기업은 이런 역발상 능력을 갖고 있는 사람을 뽑고 싶어 한다.

❺ 유연성

유연성은 자신과 다른 차이를 인정하고 수용하며 목표달성을 위해 통합해 내는 능력이다. 기업은 서로 다른 환경에서 자란 여러 사람들이 모여서 일을 한다. 사고방식도 다르고, 성격도 다르다. 다른 사고방식과 성격은 서로 다른 것일 뿐, 옳고 그름의 문제, 나는 맞고 너는 틀리다의 문제는 아니다. 그럼에도 불구하고, 많은 경우 조직에서 인간관계가 어려움에 빠지는 경우가 종종 있다. 다름의 문제를 맞고 틀리고의 문제로 해석하는 고정관념이 있기 때문이다. 이를 슬기롭게 극복하며, 서로 감정을 상하지 않고 협력할 수 있는 유연함은 큰 장점이다. 기업은 당연히 유연한 사고의 소유자를 좋아한다.

❻ 팀워크

팀워크(teamwork)는 남과 힘을 합하여 목표를 향해 나아가며 성과를 창출하는 능력을 말한다. 동일한 조직 내에서 다른 팀원들과의 협력, 자기가 속한 조직과 다른 조직과의 협력, 사업 거래의 당사자, 협력회사와의 협력 등을 포괄적으로 뜻한다. 기업과 조직사회에서는 개인이 아무리 뛰어난 능력을 가지고 있어도 남의 도움 없이는 성공적으로 자신의 목표를 달성할 수 없다. 기업에서도 마찬가지다. 조직 안에서 다른 팀원이나 다른 부서의 도움을 받지 못한다면, 나아가 사업 파트너의 협력을 받지 못한다면 능률적으로 일을 수행할 수 없다. 남을 인정하고 겸손하게 남과 협력하는 자세는 자신을 위해서뿐만 아니라 기업의 성공을 위해서도 매우 중요한 요소이다. 지도자의 중요한 업무가 구성원들이 서로 좋은 팀워크를 형성할 수 있도록 배려하고 독려하고 여건을 만들어 주는 데 있음은 이런 이유 때문이다. 뿐만 아니라 조직 구성원이 스스로 좋은 팀워크를 형성할 수 있도록 노력해야 함은 당연한 일이다. 기업은 남과 잘 협력하면서 일을 수행하는 자질과 능력의 소유자를 뽑고 싶어 한다.

❼ 주인의식

주인의식은 단순한 월급쟁이가 아니라 주인처럼 사명감과 책임감을 가지고 적극적으로 업무를 수행하는 자질을 말한다. 기업에는 엄연히 소유자와 경영자가 있다. 또 일을 시키기 위해 돈을 주고 고용하는 고용인이 있다. 월급쟁이는 자신에게 큰 책임이 돌아오고, 위험부담이 있는 일을 하지 않고, 월급 받는 만큼만 일한다는 월급쟁이 특유의 기질이 있다. 그럼에도 월급쟁이가 아니라 주인처럼 책임감과 사명감을 가지고 일을 한다면 기업은 당연히 그런 사람을 좋아할 것이다. 이명박 대통령이 동남아의 건설 현장 경리 책임자로 일할 때, 금고를 털려는 현지인의 공격을 온몸으로 막았던 사례는 주인의식이 아니고는 설명할 수 없는 일이다. 기업은 사명감과 책임감을 가지고 기업의 일을 자신의 일처럼, 즉 주인의식이 투철한 사람을 뽑고 싶어 한다.

❽ 도전정신

도전정신은 실패와 위험을 두려워하지 않고 일을 추진하는 자질과 능력을 말한다. 실패 가능성과 위험에 노출되면 누구든지 겁을 먹고 주저하게 된다. 그러나 많은 경우 이런 위험과 도전은 과장된 경우가 있으며, 실패와 위험을 회피할 수 있는 방법도 있게 마련이다. 중동지역에서 건설을 할 때 여러 구조물을 한국에서 만들어 수송하였던 일은 도전정신의 결과다. 또 삼성그룹이 1980년대 초반 반도체 산업에 막대한 돈을 쏟아 부었을 때, 많은 사람들은 삼성이 미쳤다고 조롱하였지만 오늘날 정반대의 결과를 가져 왔다. 기업의 흥망성쇠 역사를 보면 위험과 실패를 두려워하여 안일하게 기업 활동을 하다가 망한 경우가 많고, 반대로 과감하게 정면으로 돌파하여 성공한 경우도 많이 있다. 기업은 도전정신으로 충만한 적극적인 사람을 좋아한다.

❾ 전문성/직무능력

전문성과 직무능력은 어떤 업무를 수행하는 데 요구되는 전문성과 기본적인 능력을 말한다. 컴퓨터를 활용하여 문서를 작성하고 PPT 자료를 만드는 일은 어느 직종을 막론하고 필요한 기본지식이다. 회계업무를 하고자 하는 사람은 적어도 재무제표, 손익계산서, 매출, 영업이익, 감가상각 등 기본적인 회계 관련 지식을 필요로 한다. 뿐만 아니라 분석능력과 함께 꼼꼼함과 치밀함도 필요하다. 무역 관련 직종은 영어로 말하고 쓰는 능력이 기본적으로 요구된다. 기술직이라면 당연히 담당기술에 대한 지식이 요구된다. 그러나 기업에서 요구하는 전문성과 직무능력은 대학교 학부과정의 전공, 공부를 충실히 이수한 학생은 대부분 확보할 수 있는 능력이다. 최근 지식정보화 사회가 진전됨에 따라서 연구개발직, 금융업종 등 고도의 전문성을 필요로 하는 전문직도 점차 증가하고 있다. 대부분 전문직은 전문성이 있는 사람만이 그 일을 할 수 있기 때문에, 고수익이 보장되는 경우가 많이 있다. 기업은 기획, 영업, 연구개발, 회계, 생산 등 여러 업무가 있고, 업무에 따라서 각각 다른 전문성과 직무능력을 필요로 한다. 자기가 취업하고자 하는 직무를 효율적으로 감당할 수 있는 전문성과 직무능력은 취업하기 위한 필수요건이다.

⑩ 성실성

성실성은 게으름을 피우지 않고 일관되게 업무를 열심히 수행하는 자세를 말한다. 결근과 지각을 자주 하는 사람을 좋아할 기업은 없다. 기업이나 직장에서 성실하지 못한 사람에게는 중요한 일을 믿고 맡기지 않는다. 성실성은 직장인이라면 기본적으로 갖추어야 할 덕목이다. 평소 성실한 생활습관을 유지하고 발전시키는 일은 매우 중요하다. 특히 은행 등 금융 업무는 융통성이 없을 정도의 치밀한 성실성과 꼼꼼함을 요구하는 직종이다.

⑪ 진취성

진취성은 미래지향적 태도와 적극적인 자세로 일을 성취해 내는 능력을 말한다. 성과가 좋다고 안주하다가 경쟁기업에 추월당하는 경우가 자주 있다. 잘 된다고 방심할 것이 아니라, 다가올 어려움을 예견하고 미리미리 대비하는 것은 우량기업들이 늘 하는 기업 활동이다. 현실에 안주하지 않고 적극적인 자세로 기업을 성장시키려는 진취성을 가진 사람이야말로 기업이 늘 찾고 있는 사람이다.

⑫ 판단력

판단력은 옳고 그름, 좋고 나쁨, 차이 등을 분별하여 판단하고 결단하는 능력이다. 기업 활동은 온갖 크고 작은 선택과 판단의 연속이다. 중요한 결정사항을 잘못 판단하여 기업이 망하기도 하고, 반대로 잘 판단하여 성공하는 경우도 있다. 경영자의 판단과 결정이 제일 중요하지만, 이런 판단능력은 기업의 모든 구성원들에게 요구되는 덕목이기도 하다. 중요한 경영상의 선택, 판단뿐만 아니라, 기업 구성원들은 자신의 업무 활동을 하다 보면 갖가지 유혹과 부정, 담합 등 위법적이고 비윤리적인 유혹에 직면하는 경우도 있다. 개인과 개인 관계에서도 그렇고, 거래 회사와의 관계에서도 건전하고 올바른 판단력은 중요하다. 될 수만 있다면 기업은 판단능력이 뛰어난 사람을 뽑고자 할 것이다.

⑬ 실천능력

실천능력은 생각에 머무르지 않고 생각한 것을 실제 행동으로 옮기는 능력을 말한다. 개인적으로도 생각만 하지 실천능력이 떨어지는 사람이 있는가 하면 생각한 것을 실천에 옮겨서 생각의 결과물을 체험하는 사람도 있다. '장고(長考) 끝에 악수(惡手)'라는 말이 있듯이 개인이든지 기업이든지 생각만 하고 결정과 실천을 미루다가 때를 놓치는 경우도 있다. 생각한 것은 곧 실천에 옮기는 능력을 기업은 원한다.

⑭ 리더십

리더십은 남을 배려하면서도 조직의 목표를 향해 구성원을 독려하며 이끌어 가는 지도능력을 말한다. 시대마다 상황마다 서로 다른 리더십을 필요로 한다. 대부분의 경우, 리더십이란 조직 내에서는 구성원들을 잘 배려하고 독려하며 동기를 적절히 부여하여 기업 목표를 향해 매진할 수 있도록 하는 능력을 일컫는다. 특히 강압적 리더십은 구성원들의 반발을 가져오기 때문에 개인의 인격을 존중하면서 구성원들로 하여금 최선을 다하게 하는 리더십이 필요하다. 이러한 리더십을 가지고 있는 사람은 기업에서 경영자로 성장할 가능성이 크다. 기업은 늘 리더십을 가지고 있는 인재를 원하고 있다.

⑮ 배려

자신의 생각, 이익보다는 다른 사람의 입장을 살피고 경청하며 이해해 주는 능력을 말한다. 이런 배려심을 천성적으로 타고난 사람이 있기도 하지만, 없다면 끊임없는 노력을 통하여 체질화해야 하는 중요한 자질이자 능력이다. 독선적이고 자기주장만을 고집하는 사람은 조직에서 외롭고, 반대로 남을 잘 배려하는 사람 주위에는 늘 사람들이 모이게 되어 있다. 기업은 배려심 많은 사람을 원하고 있다.

이렇듯 기업은 다양한 자질과 능력을 갖고 준비된 사람을 뽑기 위하여 많은 노력을 하고 있다. 위에서 보듯이 기업이 원하는 능력은 특별한 것이 아니라 늘 교육받으면서 자주 들었던 자질과 능력들이다. 이런 자질과 능력은 서로 독립적인 것이 아니고 밀접하게 연결되어 있음도 알아야 한다. 예를 들어서 적극적이고 긍정적인 사고는 진취성, 도전정신과 일맥상통하고, 창의성과 역발상 능력, 글로벌 마인드와 유연성은 서로 비슷한 면이 있다. 또한 이런 자질, 능력은 크게 보면 성품, 교육, 경험, 환경 등에 의하여 형성되는 것들이다. 자기소개서를 작성할 때 형성되는 것이 아니라 평소에 노력한 결과로 얻어지는 덕목들이다. 자기소개서는 단지 평소에 노력한 결과, 경험들을 정리하는 것일 뿐이다. 기업은 원하는 자질과 능력을 구체적으로 평가하기 위하여 지원자의 성장배경, 지원동기, 성격 장단점, 직무적합성, 장래희망 등 여러 항목에 대한 소견을 자기소개서에서 요구하는 것이다.

자기소개서 작성 요령

자기소개서는 지원자가 독자인 기업에게 자신이 기업에 취직하려고 하는 이유와 기업에 취직할 충분한 자격과 준비가 되어 있다는 것을 알리는 것으로, 이를 TW 원리에 맞게끔 작성하면 된다. 독자인 기업의 목적, 기대, 관심에 맞게끔, 기업이 지원자에 대하여 알고자 하는 정보들을 중심으로 작성해야 한다. 기업은 기업이 원하는 자질과 능력을 평가하기 위하여 지원자의 성장배경, 성격, 지원동기, 경력사항, 장래희망 등을 알고 싶어한다. 이처럼 자기소개서는 기업이 알고 싶어하는 사항들을 정확 · 간결 · 명쾌, 그리고 구체적으로 쓰면 된다.

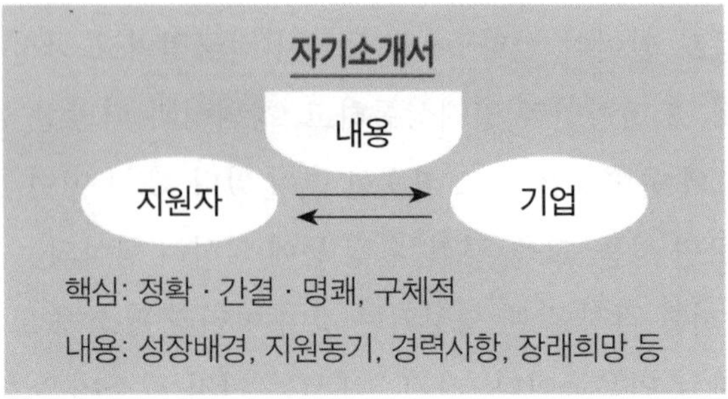

성장배경

보통 성장배경은 '언제, 어디서 태어났는지' 그리고 '엄격하신 아버지와 인자하신 어머니 밑에서' 또는 '화목한 가정에서' 등 상투적이고 진부한 표현으로 시작하는 경우가 많다. 구체적 사례로 뒷받침이 되지 않는 이런 돌발적인 선언적 주장들은 인사담당자를 감동시킬 수 없다. 오히려 구체적 경험과 특별한 에피소드 사례를 소개함으로써 심사관이 성격, 가정환경, 성장과정을 이해할 수 있게끔 하는 것이 보다 효과적이다.

1 주위가 산으로 둘러싸이고 앞으로는 탁 트인 시야를 가진 나의 고향은 천안이다. 지금은 아파트 단지로 발 디딜 틈도 없이 변해버린 천안시 사직동에서 25년 전 봄에 가족 모두에게 축복을 받으며 태

어났다. 위로 두 분의 형님과 두 분의 누님이 있는 막내로서 엄격하신 아버지와 자상하신 어머니의 사랑과 귀여움을 받으며 성장하였다. 주위환경 덕분에 어릴 때는 쥐고 놀면 놀이기구가 되었고 어디든지 뛰어놀면 놀이터였다.

표현들이 너무 상투적이고 진부하며 장황하다. 이를 다음과 같이 간결하게 수정하는 것이 좋다.

1 저는 천안에서 태어나 자연 속에서 마음껏 뛰놀며 자랐습니다.

성격

'활발하다. 내성적이다. 불의를 참지 못하는 성격이다. 책임감이 강하다' 등 추상적이고 일반적인 표현들은 인사담당자를 설득시킬 수 없다. 구체적 사례를 통해 자신의 성격을 간접적으로 드러내는 것이 보다 설득력 있고 사실적인 느낌을 준다. 장점은 최대한 구체적으로 언급하되 지나친 자화자찬은 피해야 한다. 단점을 드러내는 것에 대한 두려움을 갖지 말아야 한다. 장점만 있고 단점 없는 사람은 아무도 없기 때문이다 다만 단점은 언급하되, 이를 고치기 위한 노력도 함께 기술하는 것이 좋다.

2 저는 1남 1녀 중 장남으로 자랐습니다.

이력서 내용을 반복한 것에 불과하다. 새로운 내용이 없어서 전혀 도움이 되지 않는 표현이다. 다음과 같이 바꾸면 훨씬 좋다.

2 저는 자라면서 여동생과 많이 다투었습니다만 그러한 기회를 통하여 경쟁과 협조의 의미를 배웠습니다.

창의력을 발휘하면 단점이나 곤란한 내용도 승화될 수 있다.

3 저의 단점은 집착입니다. 한 번은 친구들과 당구 게임에서 저의 집착 때문에 경기가 장시간 진행된 적이 있습니다. 하지만 제가 입사를 하게 된다면 저의 집착을 경쟁사와 멋진 승부를 펼치는 승부 근성으로 보여 드리겠습니다.

4 저의 장점은 도전정신입니다. 저는 변화를 두려워하는 성격보다는 오히려 그 상황을 잘 극복하고 헤쳐나가는 걸 좋아하는 편입니다. 우연히 친구들과 중국으로 배낭여행을 갔을 때 에베레스트 산행을 결심했습니다. 사전 준비 없이 간 길이라 수많은 난관에 부딪혔지만 끝까지 포기하지 않고 목표 지점에 도착했습니다. 비록 정상에 오른 것은 아니지만 등반 과정에서 끈기를 배웠고 정상에 올라서는 성취감을 느낄 수 있었습니다.

지원동기

우선 자신의 능력과 적성을 고려하여 어느 기업, 어느 업무에 지원할 것인지를 선택하고 결정해야 한다. 이러기 위해서는 취업하고자 하는 후보 기업, 업종들에 대한 광범위한 정보들을 수집하여 분석하고 파악해야 한다. 기업의 홈페이지, 선배 등 아는 사람들을 통해서 후보 기업의 업종, 인재상, 창업정신, 발전전략 등 정보들을 수집해서 파악해야 한다. 단순히 평판이 좋고 누구든지 좋아하는 기업, 업종이라는 이유만으로 적성과 능력을 무시하고 도전하는 일은 무모한 일이다. 기업과 업무의 성격을 구체적으로 파악한 뒤에는 자신의 전공지식, 경력, 적성, 가치관, 비전 등과 연결하여 구체적 사실과 경험에 바탕을 두고 지원동기를 작성한다. 자신의 능력과 적성을 고려하여 취업하고자 하는 기업, 업종을 현실적으로 선택한다. 지원동기에서는 자신의 능력, 적성, 경력뿐만 아니라 기업을 발전시킬 수 있는 자신의 꿈과 희망을 명쾌하게 피력하는 것도 좋다. 지원자 스스로 기업의 인사담당자 입장에서 아! 이 정도면 채용할 만하다는 생각이 들 정도가 되도록 작성해야 한다.

취업 후보 기업의 특징과 본질을 정확히 파악하고 작성해야 한다. 무작정 후보 기업에 대한 어설프고 과장된 칭찬은 오히려 부정적 영향을 끼치는 결과를 낳는다.

5 국방과학연구소는 우리나라 최고의 연구소이며, 저는 최고 연구소에 걸맞은 인재가 되고자 지원하였습니다. 열심히 최선을 다해 국

방과학연구소의 발전에 기여하겠습니다.

국방과학연구소를 최고의 연구소라고 칭찬하였다. 이는 국방과학연구소의 본래 기능과 정체성을 모르는 표현이다. '최선을 다해…' 라는 표현도 매우 추상적으로 좋은 평가를 받는 데 전혀 도움이 되지 않는다.

> ✐5 현대 정보화 사회에서 국방의 힘은 과학의 힘에서 나온다고 생각합니다. 이런 면에서 국방과학연구소는 다른 어떤 기관보다 국가적인 연구능력의 총집합체로 가장 미래지향적인 연구소이며 자주국방의 실현, 대한민국의 안전을 위해 존속의 가치가 영원하다고 생각합니다.

수정된 내용은 국방과학연구소의 정체성을 구체적으로 정확히 파악하였음을 보여 줌으로써 당연히 심사관에게 좋은 인상을 준다. 서류전형을 통과시켜 면접에서 능력을 검증하고자 하는 생각을 갖게 한다. 이렇듯 지원회사의 특징과 정체성을 구체적으로 파악한 다음 작성해야 한다.

경력사항

대학을 갓 졸업한 대학생들은 경력사항에 쓸 마땅한 내용들이 없다고 걱정을 한다. 하지만 곰곰 생각을 하면 경력사항의 소재들이 많다.

아르바이트, 인턴 경험, 동아리 활동, 여행, 심지어 교회 활동 등에 이르기까지 경력사항과 연결하여 쓸 소재들은 많다. 어떤 활동에서 어떤 역할을 어떻게 하여 어떤 결과들을 얻었는지를 구체적 경험과 사례를 바탕으로 작성해야 한다. 그래야 지원자의 경력사항이 제대로 전달된다. 무슨 동아리 회장을 하였다는 단순한 내용을 일반적으로 작성하는 것은 막연하여 설득력이 떨어진다. 혹시 직장 경력이 있는 경우에는 직장 이름, 근무부서, 담당업무, 주요 실적 등을 구체적으로 작성하는 것이 좋다.

다만 경력사항을 작성할 때 직무와 관련 없는 잡다한 경력 등은 과감히 생략해야 한다. 식품영양사로 지원하는데 해비타트 집짓기 활동은 직접적인 관련성이 없다. 자기소개서는 직무와 관련된 주제를 가지고 일관성 있게 방향성을 가지고 작성하는 것이 좋다.

> 6 저는 학생 시절 글쓰기 동아리인 '표현의 자유' 회장을 했습니다.

단순히 동아리 회장을 했다는 사실만으로 무엇을 어떻게 해서 어떤 결과를 얻었고, 그 결과가 기업 업무에 무슨 도움이 되는지 알 수 없다. 다음과 같이 바꾸면 생동감 있게 경력사항이 살아난다.

> 6 저는 '표현의 자유'라는 글쓰기 동아리 활동을 하였습니다. 자신의 생각과 감정을 정확, 명쾌하고 간결하게 글로 표현하는 훈련을 많이 하였습니다. 상대방이 쉽게 이해할 수 있도록 글로 소통하는 훈련을 많이 하였습니다. 이런 노력의 결과 3학년 때에는 동아리 회장을 하게 되었습니다. 회장을 하면서 글쓰기 훈련뿐만 아니라 후배들

을 보살펴 주고, 선배와 후배를 엮어 주는 역할도 배웠습니다.

이렇게 하면 기업의 인사담당자는 이런 지원자는 입사 후 제안서, 보고서 등 문서작성을 잘하고 조직생활도 잘하겠구나 하는 판단을 하게 된다.

7 저는 커뮤니케이션 능력이 뛰어납니다.

이런 선언적 글만 가지고는 지원자의 커뮤니케이션 능력이 어떻게 뛰어난지 알 수 없다. 다음과 같이 바꿔 보자.

7 백화점 의류가게에서 아르바이트를 하면서 여러 부류의 고객들을 만나 보았습니다. 다양한 고객들을 상대하면서 상황에 맞는 커뮤니케이션 비결을 배울 수 있었습니다.

이렇게 구체적 사례와 경험들을 소재로 경력사항을 작성하면 기업은 지원자의 능력을 쉽게 판단할 수 있다.

장래희망, 입사 후 포부

자기소개서에 장래희망, 입사 후 포부, 비전 등에 대하여 작성할 것을 요구하는 기업도 있다. 이 경우에도 단순히 '열심히 하겠습니다.',

'몸과 마음을 바쳐서 회사에 충성하겠습니다.' 등 감정적이고 선언적 의미보다는 '한 분야의 전문가가 되어, 회사의 비전을 달성하고, 이를 통하여 개인의 꿈을 키워 가겠습니다.' 등 보다 구체적이고 현실적인 희망을 강조하는 것이 좋다. 또한 기업의 핵심가치와 연관된 본인의 인생관, 가치관을 제시하고, 입사 후 5년, 10년 단위로 본인의 달성 목표를 작성하는 것도 좋은 방법이다. 경우에 따라서는 일정 기간만 기업에 근무한 후 개인 사업, 또는 다른 진로를 염두에 둔 사람도 있다. 이런 꿈을 솔직하게 기술한다면 어떤 기업도 이를 좋아하지 않을 것이다. 기업은 가능하면 오랫동안 기업에서 일할 사람을 찾지, 자신의 꿈과 경력을 위하여 기업을 이용하는 사람을 찾고 있지 않기 때문이다. 지원자는 어디까지나 기업을 위하여 기업이 원하는 일을 열심히 하겠다는 것을 바탕에 깔고 장래희망을 작성하는 지혜가 필요하다. 굳이 깊숙한 개인의 꿈을 솔직하게 작성할 필요는 없다.

그 외 자기소개서 작성 시 주의할 점

❶ 오탈자, 맞춤법에 많은 신경을 써야 한다

오탈자는 단순한 실수로 볼 수도 있으나, 실제로는 지원자의 무성의와 꼼꼼하지 않음을 나타내는 결정적인 흠이 된다. 오탈자가 있음으로 해서 지원자가 많은 노력을 기울여서 작성한 나머지 부분들이 제대로 평가받지 못한다면 이처럼 어리석은 일은 없을 것이다. 자기소개서를 작성하고 몇 번의 수정, 보완을 통하여 오탈자가 없도록 해야 한다.

❷ 어설픈 전문용어, 어려운 단어 사용은 가급적 억제한다

아는 척 하려고 전문용어나 어려운 단어를 썼다가 제대로 적절하게 사용하지 않으면 반대로 지원자의 무지만 드러나는 꼴이 된다. 전문용어, 약어는 피하고 일반적인 용어를 사용하여 소통하는 것이 좋다. 자기소개서를 읽고 심사하는 기업의 담당자 중에는 특정 분야의 전문용어, 약어 등을 이해하지 못하는 경우가 의외로 많기 때문이다. 전문용어, 약어를 불가피하게 사용할 경우에는 간단명료하게 그 의미를 함께 써서 소통에 지장이 없도록 배려하는 것이 좋다. TW 원리는 상대방 수준에 맞게, 상대방이 쉽게 이해할 수 있는 글쓰기 원리라는 사실을 염두에 두고 누구나 이해할 수 있는 일반적인 용어로 작성하는 것이 좋다.

❸ 구체적 경험, 사례 중심으로 솔직하게 작성한다

각 항목에서 반복하여 강조하였듯이 일반적, 추상적, 선언적 표현은 구체적으로 뒷받침되지 않으면 도움이 되지 않는다. 오히려 구체적 경험, 사건, 사례 중심으로 본인의 능력과 자질이 드러나도록 하는 것이 훨씬 좋다. 당연한 일이지만, 모든 내용은 진실을 바탕으로 솔직하게 작성해야 한다. 자기소개서가 통과되어 면접할 때, 면접관이 몇 가지 질문을 해 보면 진실 여부가 금방 드러나게 된다. 자기소개서의 모든 내용은 솔직하게 작성해야 한다.

❹ 문장은 정확 · 간결 · 명쾌하게 작성한다

TW 원리에 맞게끔, 문장은 정확하고 간결하며 명쾌하게 작성한다. 이 책의 문단, 문장, 단어 편을 이해하고, TW 원리에 맞게 작성하도록 한다. 그래야 명쾌하게 지원자의 의도가 전달된다. 장황한 문장, 주어가 생략된 문장, 논리가 부족한 문단, 잘못된 단어 선택, 이력서에 나와 있는 내용을 단순하게 반복하여 작성하는 일은 결코 인사 담당자에게 좋은 평가를 받을 수 없다. 또 억지로 길게 작성하는 것도 피해야 한다. 내용은 빈약한데 짧게 작성하면 어쩐지 불안하여 억지로 늘려서 길게 작성하는 것도 좋은 평가를 받는 데 도움이 되지 않는다. 자기소개서는 TW 원리를 마음에 두고, 자기소개서의 각 항목(소제목)에 맞게 내용을 정확 · 간결 · 명쾌하게 작성해야 한다.

❺ 스토리텔링(storytelling)으로 작성한다

원하는 기업, 부서에 초점을 맞추고 자신의 성장배경, 경력, 지원동기를 주제에 맞고 일관성 있게 작성하는 것이 좋다. 이와 관련이 없는 내용은 과감히 생략해야 한다. 이것저것 장황하게 늘어놓으면 초점이 흐려진다. 기업이 알기 원하는 정보들을 일관성 있게 주제에 맞추어 작성한다.

요약

1. 기업이 원하는 능력과 자질을 이해한다.
2. 자기소개서는 구체적 경험과 사례를 중심으로 정확 · 간결 · 명쾌하게 작성한다.

연습문제

자신이 희망하는 회사, 직무를 선택하여 자기소개서를 작성해 보자. 매년 이를 갱신한다.

12
면접

교육목표

1. 면접(interview)의 종류와 특징을 이해한다.
2. 면접의 질문에 답변하는 방법을 익힌다.

기업에 취업하려면 우선 이력서와 자기소개서를 작성하여 제출한다. 이런 서류전형을 통하여 기업은 면접(interview) 대상자를 결정한다. 기업마다 다르기는 하나 통상적으로 채용 예상 인원의 2~3배 수를 면접 대상자로 선택한다. 일부 기업에서는 기업 나름의 인성 또는 적성검사를 서류전형과 면접시험 중간에 실시하는 경우도 있다. 최근에는 적지 않은 기업들이 인턴사원을 채용한 다음, 현장에서 3~6개월 정도의 인턴 수습과정을 거치게 하면서 채용 여부를 판단하는 경우도 증가하고 있다. 어찌 되었든 면접시험을 보는 것은 필수적이다. 이 장에서는 자기소개서 작성과 함께 대학생들이 부담을 느끼는 면접과 발표의 핵심적인 내용을 다루고자 한다.

상장기업 550개를 상대로 한 조사에 의하면, 실무진에 의한 개별 면접이 97%로 가장 많이 보는 면접이다. 개별 면접은 가장 기본이 되는 전형적인 면접 방식이다. 그러나 최근 들어 영어 면접(26%), 프레젠테이션 면접(22%) 등 의사소통능력을 평가하는 면접을 강조하고 있다. 면접 방식은 업종별로 조금씩 다르게 진행되고 있다. 금융업종에서는 발표(presentaion) 면접(73%), 토론 면접(46%), 블라인드 면접(36%)을 강조하고 있고, 유통업에서는 실무능력을 평가하는 면접을 중요시하며, 석유와 무역업종에서는 영어 면접을 강조하고 있다.

기업 면접은 실무진 개별 면접, 토론 면접 그리고 임원진에 의한 인성 면접 등 통상적으로 2~3회에 걸쳐 단계적으로 이루어진다.

기업이 알고자 하는 정보들

이력서와 자기소개서를 통하여 어느 정도 지원자의 능력, 인성 등을 파악한 다음, 기업은 면접을 통하여 지원자들의 직무수행능력, 책임감, 활동성, 의사소통능력, 창의성, 성취욕구, 승부근성, 가치관, 도덕성 등 여러 능력과 인성 등을 보다 자세히 평가하고자 한다. 지원자는 면접의 목적을 정확히 이해하고 기업이 알고자 하는 내용을 자신감 있게 그리고 질문에 대하여 간결 · 명쾌하게 결론부터 대답하는 것이 좋다. 글쓰기가 독자를 최우선적으로 생각하였듯이 면접에서도 면접관이 원하는 정보를 면접관의 눈높이에서 잘 이해할 수 있도록 간결 · 명쾌하게 답변하는 것이 중요하다.

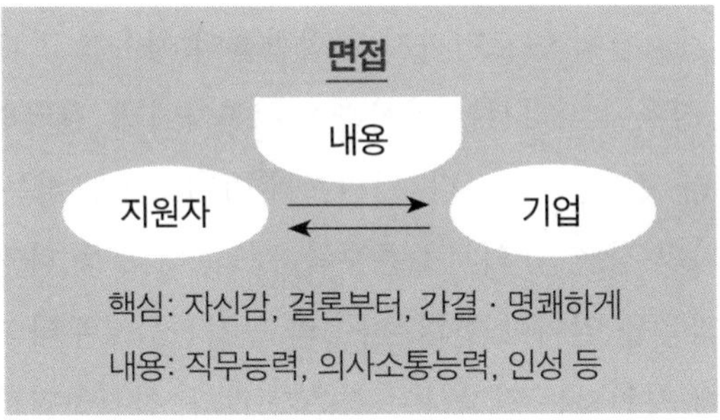

면접의 종류와 특징

요즈음에는 면접도 한 번으로 끝나는 것이 아니라 2~3차례 진행하는 경우도 있는 등, 채용과정에서 면접의 중요성이 보다 강조되고 있다. 뿐만 아니라, 기업은 자신이 원하는 인재를 확보하기 위하여 다채로운 면접방법을 통하여 지원자의 다양한 능력을 검증하고 있기 때문에, 지원자 입장에서는 면접 준비에 그만큼 신경을 써야 하는 부담을 갖게 되었다.

❶ 개별 면접

지원자 한 명과 다수(보통 3~5명)의 면접관이 진행하는 면접 방식이다. 면접관은 입사 지원서, 이력서, 성적 증명서, 자기소개서 등 지원자가 제출한 서류를 가지고 질문을 한다. 일상적인 내용, 전공, 적성, 직무능력, 가치관에 이르기까지 면접관들이 자유롭고 다양한 질문들을 한다. 경우에 따라서는 면접관이 지원자에게 '간단하게 자기소개를 해 보라'고 할 때도 있다. 지원자가 자기소개를 하는 동안 면접관은 지원자의 장단점, 의사소통능력, 성격, 태도 등 다양한 면에서 평가하고 있음을 알아야 한다. 다수의 면접관들로부터 질문공세를 받기 때문에 지원자는 긴장하는 경우가 많다. 침착하면서도 간결 · 명쾌하게 답변하는 것이 핵심이다. 지나친 자만, 겸손은 모두 마이너스 효과를 가져온다. 튀는 말과 행동보다는 감정을 조절하여 편안하고 침착한 태도를 유지하는 것이 중요하다. 질문을 한 면접관에게만 응답한다는 태도보다는 전체 면접관들에게 답변한다는 태도를 유지하고 시선도 너무 특정 면접관에 고정시키지 않는 것이 좋다.

❷ 단독 면접

지원자와 면접관이 각각 한 명인 면접 방식이다. 대규모 신입사원의 채용방법에는 적합하지 않고, 전문직이나 관리자급 이상을 채용할 때 사용한다. 일대일로 마주하기 때문에 긴장감은 비교적 적은 반면, 깊이 있고 구체적인 질의응답이 오갈 수 있는 면접 방식이다. 논리정연하게 대화하는 형식으로 답변하는 것이 좋다.

❸ 집단 면접

한정된 시간에 많은 지원자들을 평가하기 위해서 다수의 지원자와 다수의 면접관이 진행하는 면접 방식이다. 여러 명이 함께 면접을 받기 때문에 개별 면접에 비해 긴장감, 압박감이 덜할 수 있으며, 면접관도 지원자들을 서로 비교하며 평가할 수 있는 장점이 있다. 통상적으로 지원자에게 질문을 주고 지명하는 순서에 따라서 대답하는 형식으로 진행한다. 지원자는 앞서 답변한 내용을 반복하지 않고, 결론부터 간결 · 명쾌하게 답변하는 것이 좋다. 자신의 의견을 명확히 해서 자신의 주장이 집단 속에 묻히거나 밀려나지 않도록 해야 한다. 끝까지 자신감 있게 답변하는 자세가 필요하나 다른 사람의 질문에 나서거나 튀는 행동은 삼가도록 한다. 면접관의 질문과 다른 지원자의 답변을 경청하는 태도를 유지하는 것도 좋은 평가를 받는 요인이 된다.

❹ 토론 면접

미리 제시된 주제로 토론하거나, 또는 사회자도 주제도 스스로 결정하면서 자유롭게 토론을 진행하는 면접 방식이다. 최근 기업과 공무원 면접에서 자주 실시하고 있다. 면접관은 지원자들의 집단토론을 경청하면서 지원자의 지적 능력, 의사소통능력, 듣는 태도, 손동작, 표현력, 협조성, 사회성, 조직 적응력, 지도력, 설득력, 남을 배려하는 마음, 매너, 성격, 인성 등 여러 요소들을 평가할 수 있다. 누가 토론에 가장 많이 기여하는가? 누가 조정자 역할을 하는가? 누가 아이디어를 가장 많이 냈는가? 누가 내용을 잘 분석하는가? 누가 토론 분위기를 활성화하였는가? 상대방의 의견을 경청했는가? 등 집단 속에서 개인의 다양한 능력이 어떻게 발휘되는지, 어떤 직무에 적합한지를 면접관이 판단할 수 있는 기회를 가진다. 지원자 입장에서는 신경이 쓰이고 부담이 많은 방식이나, 문단의 기본구조를 완벽하게 이해하고 자신의 주장을 논리적이고 설득력 있게 뒷받침하는 내용으로 말하면 오히려 좋은 기회가 된다. 평소 정치, 경제, 사회적 화두에 대하여 친구들과 진지한 토론습관을 갖는다면 집단토론에 대한 좋은 훈련이 될 것이다.

❺ 발표 면접

문제를 제시하고 지원자가 원하는 방식으로 의견을 발표하게 하는 면접 방식이다. 예를 들어서 한미 FTA, 경제양극화 해결방안, 청년 실업 문제 해결방안 등 화두를 제시하고 지원자의 의견을 개진하게 하는 방법이다. 기업의 입장에서는 지원자의 정보처리능력, 문제해결능력, 의사소통능력, 설득력, 논리력, 표현력 등을 종합적으로 평가할 수 있는 기회를 갖는다. 이 역시 TW 원리에 맞게끔 문단의 논리전개와 문장을 다룬 장을 참고하여 논리적이고 설득력 있게 자신의 주장을 전개하는 것이 중요하다. 자신의 주장에는 자신만의 독특한 아이디어를 담을 수 있으면 더욱 좋다. 문단에서 배웠듯이 객관적 자료, 전문가 의견, 통계 등 구체적 근거나 이유로 주장을 뒷받침해야 설득력이 있다. 발표가 끝난 뒤 '결론적으로 무엇을 말하고 싶은 겁니까?'라는 질문을 받지 않도록 간결 · 명쾌하게 발표해야 한다. 자신의 의견을 도표나 그래프로 만들어 발표하는 것은 설득력 있고 효과적인 방법이다. 발표할 때 시선도 정면, 좌우를 보면서 하고 주어진 시간을 엄격하게 지켜야 한다. 발표시간을 넘긴다는 것은 곧 발표내용을 조리 있게 조직화하지 못하였다는 평가를 받을 수밖에 없다. 자세한 내용은 13장에서 다루는 토의와 발표 부분을 참고하면 도움이 될 것이다.

❻ 영어 면접

글로벌 경쟁시대에서는 기업마다 종이에 적힌 영어 점수보다는 입에서 나오는 실질적인 영어 소통능력을 알고 싶어 한다. 삼성전자, LG전자, 무역회사 등 국내 대기업들과 외국계 기업들이 신입사원 채용 시 영어 면접을 하고 있다. 면접관이 외국인인 경우에는 일반적으로 지원자와 일상적인 대화를 하면서 질의응답에 의한 표현력, 발음, 어휘 등 기본적인 영어회화 능력을 평가한다. 면접관이 한국인인 경우에는 일반적으로 어떤 내용을 영어로 설명해 보라고 요구하곤 한다. 예를 들면 '영어로 자기소개를 해보라', '어떤 시사적 주제에 대하여 영어로 의견을 개진해 보라' 등과 같이 어떤 내용을 영어로 바꾸어 설명해 보라고 하는 경우가 많다.

❼ 블라인드 면접

면접관이 지원자의 번호와 이름만 아는 상태에서 진행하는 면접방식이다. 지원자에 대한 일체의 선입견을 배재한 채 이루어지므로 공정성과 객관성 확보가 가장 큰 매력이다. 지원자 입장에서는 자신의 장점을 설득력 있게 전달할 수 있는 기회가 된다. 행정고시, 외무고시를 포함하여 국가 공무원 면접에서 활용하고 있고, 현대그룹에서 도입한 뒤 블라인드 면접은 다른 기업으로 빠르게 확산되고 있는 추세이다.

❽ 압박 면접

당황스러운 질문이나 곤혹스러운 질문을 통해 지원자의 인성, 순발력, 대처능력을 평가하는 미국식 평가방법이다. 일명 스트레스 면접이라고도 한다. 면접관이 의도적으로 화를 내거나 지원자의 약점을 들춰내는 방식으로 감정을 자극하거나, 지원자를 극도의 긴장 상태로 몰아넣거나, 대응방법을 평가하는 면접 방식이다. 예를 들어 '성실하다고 하는데 왜 대학은 그런데 갔어요?' '그 나이 먹도록 제대로 한 게 없네요.' '얼굴이 그래서 평소 고생 좀 하겠어요.' 등이다. 도가 지나쳐 인권을 침해하거나 심한 상처를 주기도 하는 등 부작용 사례도 많다. 은행, 금융전문가 등 장시간 긴장을 요구하는 기업이나, 위기대처능력을 평가할 목적으로 선택하는 면접 방식이다. 이런 질문 대부분은 정답이 없기 때문에 순발력을 발휘하고 때로는 유머로 분위기를 반전시키는 지혜도 필요하다. 지원자의 자제력, 인내성, 판단력, 감정조절능력 등을 평가하기 때문에 침착함과 냉정함, 인내심을 발휘하며 논리적으로 대처하는 것이 좋다.

❾ 이색 면접

이 밖에도 면접관과 지원자가 자유로운 공간에서 오랜 시간 동안 산행, 노래방, 카드게임 등 다양한 활동을 하면서 지원자의 다양한 역량을 평가하는 면접 방식이 있다. 지원자와 면접관이 2박 3일 정도 합숙하면서 진행하는 합숙 면접, 또는 술자리 면접에 이르기까지 기업은 자신들이 원하는 인재를 뽑기 위해 다양한 면접 방식을 활용하고 있다.

기업이 좋아하는 면접 태도

취업 전문기관에서 기업체 면접관들을 대상으로 한 설문조사 결과에 의하면 면접관들은 자신감 있는 태도를 좋아한다. 우울한 표정, 무표정, 날카로운 표정 등은 감점 요인이 된다. 면접장에서 희망 직무를 잘 해낼 수 있다는 당당한 자신감은 면접관에게 좋은 인상을 준다.

기업은 복잡하고 어려운 문제에 대하여 구체적이고 실질적인 대안을 제시하는 문제해결형을 좋아한다. 과거처럼 '무슨 일이든지 시켜만 주십시오. 최선을 다하겠습니다.'를 외치는 무조건 충성형은 더 이상 환영받지 못한다. 뿐만 아니라 항상 비판만을 하고 결론을 내지 못하는 비판형도 좋아하지 않는다. 문제를 다각적으로 분석한 다음 구체적이고 실질적인 해결방안을 제시하는 사람을 좋아한다.

기업은 튀는 사람보다는 잘 어울리는 사람을 좋아한다. 창의성과 개성은 중요하다. 그렇다고 럭비공처럼 어디로 튈지 모르는 사람은 조직에서 조직구성원들과 함께 일을 하는 기업에서는 감당하기가 부담스럽다. 창의성, 개성은 좋으나 지나치게 튀는 사람보다는 창의성과 개성을 유지하되 조직구성원들과도 잘 어울리는 사람을 기업은 좋아한다.

결론을 먼저 말하고 이를 뒷받침하는 답변 태도를 좋아한다. 면접에서 자신의 능력을 보여 줄 시간은 짧다. 지원자의 답변이 길어지거나, 조리가 없다면 당연히 면접관으로서는 짜증이 날 수밖에 없다.

여유를 가지고, 면접관의 질문에 간결하게 결론부터 제시하고, 결론을 뒷받침하는 이유, 근거를 다음에 제시하는 답변 태도를 면접관은 좋아한다. 핵심내용을 정확 · 간결 · 명쾌하게 표현하는 TW 기본원리를 이해하고 면접에 적용해야 좋은 평가를 받을 수 있다. 특히 이 책의 문단구성과 논리전개 방식을 잘 이해하고 면접에 적용하도록 노력하면 많은 도움이 될 것이다.

기업이 싫어하는 면접 태도

기본적인 예의를 지키지 않는 태도는 면접에서 치명적이다. 기본적인 예의를 모르는 지원자를 좋아할 면접관은 없다. 명품 정장을 입고 핸드백을 자랑하듯이 무릎에 올려놓는 행위, 면접 중 핸드폰을 받거나 벨이 울리도록 방치하는 행위, 면접장에 와서 면접관들에게 "수고 하십니다. 힘들죠!" 하면서 음료수를 돌리는 행위 등은 기본적인 예의를 모르는 대표적인 행위들이다. 질문에 대한 답변을 할 때, 너무 개인적인 부분을 장황하게 늘어놓는 것도 면접관에게 나쁜 인상만 심어 줄 뿐이다.

효과적인 면접 준비

면접을 잘 준비하기 위해서는 자기를 분석하면서 취업하고자 하는 기업의 특성을 우선 파악해야 한다. 자기소개서는 기업이 원하는 정보를 작성하는 것이지만 동시에 자기성찰이기도 하다. 따라서 자기소개서를 작성하면서 자신의 장단점, 특징, 가치관 등을 자연스럽게 깨닫게 된다. 면접은 자기소개서를 작성하면서 알게 된 자기분석을 바탕으로 준비하는 것이 좋다. 동시에 취업하고자 하는 기업의 사업영역, 기업문화, 장래 비전, 원하는 인재의 특징 등 기업 특성을 잘 이해하고, 거기에 맞추어 면접을 준비하는 것이 효과적이다. 기업 특성을 알기 위해 기업의 홈페이지를 방문하고, 기업 관련 언론보도를 살펴보며, 해당 기업에 다니고 있는 선배를 접촉하는 등 필요한 준비를 해야 한다.

또한 왜 기업에 들어가고 싶고 무엇을 하고 싶으며 장래 포부는 무엇인지 명확하게 준비해야 한다. 기업이 각기 다르지만 면접을 통하여 공통적으로 알고 싶은 것은 지원자의 인성, 직무능력, 직무적합성, 장래희망 등이기 때문에, 이들 예상 질문들에 대하여는 답변을 미리 준비하는 것이 좋다.

지원자가 긴장한 나머지 면접을 하는 동안 질문을 제대로 이해하지 못한 경우에는 대충 답변하지 말고, 질문의 핵심을 이해하기 위해 "죄송하지만 다시 한 번 말씀해 주시겠습니까?" 하고 정중하게 요청해야 한다.

면접에서 첫인상과 표정은 매우 중요하다. 우리는 사람을 처음 보는 순간, 믿을 수 있을 것 같다, 느낌이 나쁘다 등 감각적인 판단을 먼저 한다. 이런 시각, 청각에 의한 감각적인 판단은 이성으로 판단하는 글이나 말보다 훨씬 큰 것이 사실이다. 한 통계에 의하면 남에게 신뢰를 주고 설득을 하는 데 이성이 차지하는 비중은 10%인 반면 감성은 60%나 된다고 한다. 구체적인 질의응답 등 면접이 진행되기 전에 면접관도 지원자의 첫인상을 파악하고는 감각적인 판단을 할 수 있음을 알아야 한다.

첫인상이 중요한 것이 전혀 근거가 없는 것은 아니다. 살아오면서 간직하고 있는 가치관, 성격, 경험 등이 상당 부분 그대로 얼굴 인상에 반영되기 때문이다. 좋은 인상은 갑자기 형성되지 않는다. 억지로 하는 의도적인 표정은 곧 드러나게 마련이다. 평소 적극적이고 성실한 태도, 긍정적이고 남을 배려하는 마음 등의 생활습관과 가치관 등이 어우러져 그 사람의 인상이 형성된다. 대학생활 전 과정이 곧 효과적인 면접을 준비하는 기간임을 명심해야 한다.

요약

1. 답변은 간결하게 결론부터 언급하고, 이유, 근거, 사례로 결론을 뒷받침한다.
2. 침착하고 예의 바르게 답변한다.
3. 좋은 생활습관, 긍정적 가치관, 남을 배려하는 태도가 좋은 인상을 결정한다.

연습문제

3~5명이 각각 면접관, 취업희망자 역할을 하면서 모의면접을 하고, 개선점을 상의해 보자.

13

토의와 발표

교육목표

1. 토의와 발표(presentation)하는 방법을 배운다.
2. 간결하게 결론부터 말하고 이유나 근거를 제시한다.
3. 토의와 발표에서 PREP법 등 정보배열 순서를 이해하고 활용하는 법을 익힌다.

시켜 효과적인 소통을 할 수 있다.

정보배열 순서

어떤 이슈에 대한 의견을 발표할 때 가장 설득력 있는 정보배열 순서로 PREP법이 있다. PREP은 Point(요점)-Reason(이유)-Example(사례)-Point(결론 요약)의 머리글자를 따서 만든 것으로 토론할 때나 발표할 때 가장 논리적이고 설득력 있는 정보배열 순서로 알려져 있다. PREP은 문단의 기본구조(1-2-3-4 형식)인 주장-이유/근거-구체적 사례-결론(주장) 순서와 동일한 순서이다.

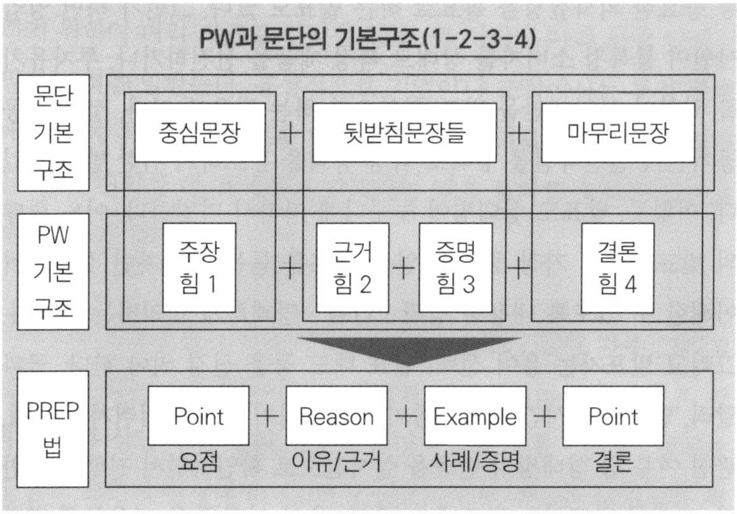

최근 우리나라의 주요 화두였던 세종시의 성격에 대하여 PREP법을 적용해 보자.

1

P 저는 세종시를 행정 중심 복합도시로 건설해야 한다고 생각합니다.

R 행정도시 건설은 국가 균형발전과 수도권 과밀화를 동시에 해결할 수 있기 때문입니다.

E 수도권은 교통, 주택문제가 심각하고 지방은 황폐화되어 있는 것이 현실입니다.

P 수도권과 지방의 문제를 동시에 해결할 수 있는 행정 중심 복합도시 건설을 찬성합니다.

동일한 이슈에 대하여 정반대의 주장도 PREP법으로 할 수 있다.

2

P 저는 세종시를 과학 · 교육 중심의 경제도시로 건설해야 한다고 생각합니다.

R 행정 중심 도시는 행정비효율이 크고, 자족기능도 약하기 때문입니다.

E 경제도시는 고용효과가 커서 세종시의 자족기능과 지속성장을 가능하게 합니다.

P 따라서 저는 세종시를 행정 중심 복합도시보다는 과학 · 교육 중심의 경제도시로 건설해야 한다고 생각합니다.

두 사례에서 볼 수 있듯이 동일한 이슈에 대하여 각기 다른 이유나 근거를 바탕으로 서로 다른 주장을 펼 수 있다. 판단의 핵심은 어느 주장이 더 설득력 있느냐의 문제로 귀착된다. 여기서 주목할 것은 정보배열 순서이다. PREP에 의한 정보배열 순서나 문단의 기본구조에 의한 정보배열 순서는 모두 소통능력을 향상시키는 데 그 바탕이 있음을 알아야 한다. 사람들은 먼저 주장의 핵심을 알기 원하고, 이어서 주장에 대한 이유나 근거로 뒷받침될 때 주장의 신뢰도는 향상된다. 나아가 이유나 근거를 더 자세히 뒷받침하는 구체적 사례를 들어 증명하면 주장에 대한 객관성과 신뢰는 더욱 향상된다. 마지막으로 자신의 주장을 결론 형식으로 마무리를 하면 깔끔하면서도 논리가 정연한 발표나 글이 되는 것이다. 마지막 결론에서 처음의 주장을 단순히 반복할 필요는 없다. 마지막 결론격인 주장은 듣는 사람으로 하여금 주장을 재차 강조하는 의미도 있지만 동시에 듣는 사람의 이해를 심화하고 핵심을 확정하는 의미가 있다. 이렇듯 PREP법은 듣는 사람의 인지심리에 기초를 두고 있다.

바쁜 기업현장, 소통현장에서는 상대방은 우선 주장의 핵심적인 요점을 먼저 알기 원한다. 어찌 보면 PREP법은 일상대화에서 가장 설득력 있는 정보배열 순서를 경험적으로 정리한 것으로 볼 수 있다. 마치 문단의 기본구조가 다양한 글쓰기 방식을 연구하여 얻은 결론을 최종적으로 힘글쓰기(power writing)의 틀로 정리한 것과 같다. 다음의 간단한 대화 예를 보자.

P 밥 줘!
R 배고파!
E 3일이나 굶었어!

P 빨리 줘, 라면도 좋아, 아무 것이나 줘!

아들이 집에 와서 느닷없이 아무 이유나 설명도 없이 밥을 달라고 한다. 엄마는 궁금해 한다. 이때 아들이 '배고파!' 한다. 엄마는 '아니 밥 먹을 시간도 아닌데 왜 그러지?' 하는 의문을 갖는다. 다시 아들이 '3일이나 굶었어!' 하면서 배고픈 이유를 구체적으로 설명한다. 그러면서 '먹을 것이면 어느 것이든 상관없으니 빨리 달라'고 한다. 가장 설득력 있는 대화이다. 이 대화의 정보배열 순서가 PREP법과 정확히 동일함을 알 수 있다. 이런 정보배열은 의사소통을 목적으로 하는 토론, 발표, 면접, TW 등에 직접적으로 적용할 수 있다. 평소 남과 대화할 때에도 PREP법을 적용하면 소통능력을 향상시키는데 많은 도움이 될 것이다.

연습문제

사형제도, 낙태 여부, 한미 FTA 등에 대한 자신의 주장을 PREP법으로 전개해 보자.

프레젠테이션

발표 또는 프레젠테이션(presentation)은 한 사람이 여러 사람 앞에서 특정 주제에 대하여 자료를 만들어 발표하는 것을 말한다. 기업이나 조직에서 가장 많이 활용하는 소통방법이다. 사업제안이나 보고를 할 때 자주 사용하는 방법이다. 여기서는 연구개발 또는 사업추진 여부를 결정하기 위한 제안서와 보고서를 중점적으로 다루고자 한다.

❶ 제안서

통상적으로 제안서는 ⓐ 제안배경, 필요성, ⓑ 제안내용 및 추진계획, ⓒ 기대효과 등으로 구성된다.

ⓐ 제안배경, 필요성

이 항목은 사업이나 연구과제를 제안하게 된 배경과 필요성을 설명하는 기회이다. 구체적으로는 자기 기업과 경쟁기업의 강점, 약점, 기회, 위협요인을 비교 분석(SWOT 분석, Strength-Weakness-Opportunity-Threat)하거나, 자사-경쟁사-시장 등 서로 연관된 당사자들의 관계를 분석한다. 중요도에 따라서 제안배경, 필요성을 3~5가지 정도로 정리하여 제시한다. 필요하면 세계적 흐름과 추세, 이를 뒷받침하는 통계, 보도 등 객관적 자료를 활용한다. 뿐만 아니라 이런 환경에서 사업이나 과제 추진의 필요성을 설득력 있게 강조하고 추진목표를 구체적으로 제시한다.

ⓑ 제안내용 및 추진계획

제안의 구체적인 핵심내용, 제안목표를 달성하기 위해 필요한 자원(돈, 인원, 장비 등), 그리고 기간별 구체적인 추진목표, 일정, 협력기관과의 협력목표 및 구체적 추진내용, 추진전략 등을 다룬다. 통상적으로 그래프나 표(table), 그림 등을 활용하기도 한다. 이 경우 기술적 전문용어의 사용은 청취자가 쉽게 이해할 수 있도록 배려해야 한다. 많은 경우 최종 의사결정권자는 제안내용에 포함된 전문용어를 이해하지 못하는 경우가 많다. 특히 연구제안서의 경우, 어려운 기술적인 전문용어 사용은 최대한 절제되어야 하고 불가피하게 사용할 경우, 청취자가 충분히 이해할 수 있도록 풀어서 설명해야 한다. 그리고 일정별 실현 가능한 추진목표를 구체적으로 제시해야 설득력을 높일 수 있다.

ⓒ 기대효과

제안목표가 성공적으로 달성되었을 경우의 매출, 이익 창출 등 객관적으로 검증 가능한 기대치를 제시한다. 연구개발이나 사업을 전개할 경우, 당연히 성공하였을 경우의 연도별 예상 매출, 이익을 제시하여 청취자(대부분 의사결정권자)를 설득하여 공감을 끌어내어야 성공적인 프레젠테이션이 되는 것이다.

❷ 보고서

보고서의 순서도 제안서와 비슷하다. 보고서의 주요 항목은 ⓐ 보고 목적, 배경, 필요성, ⓑ 세부 보고내용, ⓒ 문제점 및 대응방안, ⓓ 향후 추진계획 등이다.

ⓐ 보고 목적, 배경, 필요성

보고를 하는 목적, 배경 그리고 필요성을 간략하게 언급한다. 보고에서 기대하는 결론 또는 주요 의사결정의 핵심과 방향을 암시하여 보고를 받는 사람들이 보고에 집중하도록 하는 역할을 한다.

ⓑ 세부 보고내용

보고의 본론, 몸체 부분으로서, 핵심사항을 간략하게 정리하여 정확 · 간결 · 명쾌하게 발표한다. 여러 사항들이 있을 경우 사안의 비중과 중요도를 감안하여 적절히 균형을 잡으면서 정리한다. 큰 흐름 중심으로 정리하고 보다 자세한 세부사항은 보조자료로 만들어 질문에 대비하거나 요청이 있을 경우에 활용한다.

ⓒ 문제점 및 대응방안

대부분의 경우 보고 자체로 마무리되는 경우는 드물고, 또 다른 후속 조치를 필요로 하는 경우가 많다. 가령 기업의 한 해 또는 분기별 사업결과 보고를 하였다면, 당연히 다음 해 또는 다음 분기에 중점적으로 추진하고 관리해야 할 부분들이 있게 마련이다. 연구결과 보고도 마찬가지이다. 연구결과가 좋게 나왔다면 당연히 사업전개 전략의 방향에 대하여 언급할 수밖에 없다. 또는 사업결과가 원래 사업계획과 비교하여 차질을 빚었다면 차질을 빚은 원인들이 있을 것이다. 연구개발의 경우도 마찬가지이다. 연구개발이 당초 계획대로 이루어지지 않았다면 그 원인을 정리하여 의사결정권자가 그 문제점에 대하여 올바른 의사결정을 할 수 있도록 해야 한다. 세부 보고내용을 정리하면 이에 따른 문제점과 대응방안이 나오고, 올바른 의사결정을 위하여 이를 정리해야 한다.

ⓓ 향후 추진계획

문제점과 대응방안이 나오면 이를 구체적으로 추진하기 위한 계획도 보고의 마지막 부분에 포함시켜야 한다. 가령 사업이 잘되었다면 향후 사업이 더 잘될 수 있도록 사업전개 전략의 변경 필요성을 지적해야 하고, 사업결과가 계획대비 부진하였다면 이를 극복하기 위한 구체적인 향후 추진계획을 언급해야 한다. 연구개발의 경우도 마찬가지이다. 연구개발이 순조롭게 되었다면 향후 사업전개 전략을 구체화해야 하고, 연구개발이 계획대비 부진하였다면 전략을 변경하거나 더 많은 자원을 투입하여 추진할 것인지 혹은 중단하고 포기할 것인지를 결정해야 한다.

발표자료 작성법

보고서나 제안서 작성 또는 발표자료 작성의 핵심은 듣는 사람 위주로 하는 것이다. TW의 기본원리를 그대로 적용하는 것이다. 듣는 사람을 먼저 파악한 다음 그들의 전문성 정도, 지적 수준 등을 고려하여 용어를 선택해야 한다. 기술적 전문용어 사용은 최대한 자제하고 가능하면 쉽게 이해할 수 있는 단어를 선택하는 것이 좋다.

설득에는 순서와 논리가 있다. 독수리는 하늘 높이 날아올라서 먹잇

감을 찾아낸 다음 구체적으로 사냥한다. 발표에서도 동일하다. 숲을 먼저 보여 주고 숲 속에 있는 나무를 보여 주듯이, 발표자는 보고와 관련된 전체 모습을 보여 주고, 전체 속에서 보고하고자 하는 구체적 부분을 언급해 가는 순서로 하는 것이 좋다. 논리전개는 PREP법을 참고하여 핵심을 제시하고 이유, 사례로 뒷받침하고 결론을 언급하는 식으로 해야 설득력이 향상된다. MECE(mutually exclusive collectively exhaustive)는 '상호 중복 없이 상호 누락 없이'라는 의미로, 발표 자료에 동일한 내용이 반복하여 나오거나 중요한 사항이 생략되어서도 안 된다는 말로 통용되고 있다. 발표자는 적재적소에 필요한 내용을 중복 없이, 누락 없이 작성해야 한다.

일반적으로 사람들은 발표 자료를 파워포인트(power point)로 작성하기 때문에 한 장면에 너무 많은 내용을 담지 않는 것이 좋다. 한 장면에는 한 주제만을 다룬다. 색깔도 원색은 피하고 2~3가지 색으로 처리하는 것이 좋다. 그림, 도표처럼 시각정보를 활용하면 단순히 문자만으로 전달하는 것보다 10배 이상의 빠른 전달력을 발휘한다. 한 장면에는 한 주제만을 간결하고 명쾌하게 담아내도록 한다.

발표 요령

여러 사람 앞에서 발표하기 전에 우선 발표자의 신뢰 있는 태도가 중요하다. 같은 내용도 누가 하느냐에 따라서 효과가 달라지기 때문이다. 단정한 복장, 안정된 자세, 자연스러운 몸가짐과 자신감 있는 발표자의 태도는 듣는 사람들에게 신뢰감을 주어서 청중들이 발표내용에 집중할 수 있게 한다.

발표자는 장표의 내용을 충분히 숙지하여 거의 암기하는 수준까지 이르게 한 다음, 발표하는 동안 시선의 90% 이상을 청중들로 향하는 것이 좋다. 프레젠테이션의 천재로 알려진 애플 CEO 스티브 잡스는 1시간 발표를 준비하는 데 한 달을 소비한다고 한다. 암기는 기본이고 발표 전체의 흐름도 면밀히 분석하여 가장 효과적인 발표가 되도록 노력한다고 한다. 청중들이 대등한 위치에 있는 경우에는 특정 청중에게만 시선을 주지 말고 모든 청중들에게 골고루 시선을 주어야 한다. 그러나 기업처럼 최종 의사결정권자가 있는 경우에는 발표의 초점을 그에게 좀 더 집중하는 것이 좋다. 어차피 최종 의사결정권자를 설득하는 것이 무엇보다도 중요하기 때문이다. 발표자는 실시간으로 청중의 반응을 파악하면서 발표 속도, 강조할 부분, 간단히 넘어 갈 부분을 조절하는 것이 좋다. 목소리는 다소 크게 하되 발표 속도는 천천히 하는 것이 좋다. 시간에 쫓기듯 빠르게 하는 것은 듣는 사람으로 하여금 불안하게 하는 요인이 된다.

기술적인 전문용어는 가급적 피하고 쉽고 명쾌한 언어와 능동형 문장을 사용하며 추측, 가정법은 피해야 한다. 피동형 문장, 추측, 가정법은 청중들로 하여금 발표자의 자신감 부족을 느끼게 하여 발표내용의 신뢰를 전체적으로 떨어뜨리는 요인이 된다. 진짜 프로는 쉽게 설명한다고 하여 자신의 권위가 손상된다고 생각하지 않는다.

글쓰기와 마찬가지로 발표의 주된 목적도 청중과 소통하여 설득하는 데 있음을 명심해야 한다. 발표자는 쉽고 간결한 언어로 명쾌하게 발표하는 것이 중요하다.

발표시간이 비교적 자유로운 경우도 있으나 학술대회, 기업 내에서의 발표는 발표시간이 미리 정해져 있는 경우가 대부분이다. 이럴 때 발표자는 주어진 시간을 엄격하게 지켜야 한다. 우리나라는 많은 발표자들이 시간을 지키지 못하는 경우가 너무 흔하다. 발표내용이 많아서 시간을 많이 사용한다는 것은 결코 이유가 되지 못한다. 발표하고 싶은 내용이 아무리 많더라도 주어진 시간 내에 발표할 수 있도록 자료를 정리하는 일은 발표자의 책임이고 의무이다. 외국에서는 발표시간을 넘기면 마이크를 끄든지 심지어 발표를 중단시키기까지 한다. 순조로운 다음 일정을 위해서라도 발표시간을 엄격하게 지키는 일은 발표자가 반드시 지켜야 할 덕목이다.

발표자의 자신감, 신뢰감을 주는 안정된 자세와 열정, 그리고 시간 엄수는 성공적인 발표를 위한 필수 조건들이다. 하루아침에 모든 것이 만족스럽지는 못할지라도 반복적인 연습과 훈련을 통하면 누구나 훌륭한 발표자가 될 수 있다.

요약

1. 토의 주제에 대하여 결론부터 간결 · 명쾌하게 말하고, 이유나 근거로 결론을 뒷받침한다.
2. PREP법 등 토의 · 발표에서 정보배열 순서를 이해하고 활용한다.
3. 청취자의 지적 수준, 전문성 수준에 맞추어 발표자료를 간결 · 명쾌하게 작성한다.
4. 적재적소에 필요한 내용을 중복 없이, 누락 없이 작성해야 한다.
5. 발표자의 자신감, 신뢰감, 안정된 자세와 열정은 성공적인 발표의 필수 조건이다.

연습문제

다음 주제에 대하여 본인의 의견을 정리하여 5분 동안 발표해 보자.

① 현실적인 남북통일 방안

② 경제양극화 해소

③ 이공계 경쟁력 강화 방안

14

글쓰기 윤리: 표절과 인용

교육목표

표절, 인용 등 글쓰기 윤리를 이해한다.

글쓰기 교육은 실습위주이다. 간단한 이론, 방법을 읽힌 다음 실습을 통하여 글쓰기 훈련을 하는 교육방법이 가장 효과적이다. 따라서 학생들에게 어떤 주제에 대하여 글쓰기 숙제를 주는 경우가 많다. 이때 가장 골칫거리는 자신의 생각이나 주장을 글로 표현하지 않고 인터넷에서 남의 주장을 마치 자신의 것처럼 포장하여 내는 경우다. 글쓰기에 대한 최소한의 윤리가 절실한 상황이다. 최근 한국에서는 교수 출신 공직자들의 논문 표절이 사회적 이슈가 되면서 각 전문 학회별로 표절심사 가이드라인을 마련하고 있다. 이 장에서는 표절의 개념, 남의 저작물을 인용하는 방법을 다룬다.

표절의 개념, 범위와 기준

표절(剽竊, plagiarism)은 '빼앗다'와 '몰래 훔치다'의 합성어로서 다른 사람이 창작한 저작물의 일부 또는 전부를 도용하여 마치 자신의 창작물인 것처럼 발표하는 것을 말한다. 구체적으로 표절은 상표, 전체 글 또는 일부, 생각, 아이디어, 개념, 표현, 그림, 표, 통계자료, 사진 등을 원 저자의 허락 없이 자신의 것처럼 제시하는 행위를 말한다. 예를 들어서 영국의 역사학자 토인비(1889~1975)는 그의 저서 《역사연구(A Study of History)》에서 인류 문명을 '도전(challenge)과 응전(response)'으로 설명하였다. 그리고 '창조적 소수자(creative minority)'가 역사발전의 주역을 담당한다고 주장하였다. 여기에서 도전과 응전, 창조적 소수자는 토인비가 인류 문명을 바라보고 연구하는 중요한 개념이

자 틀이다. 토인비 고유의 아이디어다. 이를 적절히 인용하지 않고 이들 개념을 마치 자신의 것처럼 활용한다면 명백한 표절에 해당한다. 한마디로 표절은 남의 업적과 저작물을 도둑질하는 것이다.

2008년 2월 교육인적자원부에서 마련한 논문표절 가이드라인 모형에 따르면, 여섯 단어 이상의 연쇄 표현이 일치하는 경우, 생각의 단위가 되는 명제 또는 데이터가 동일하거나 본질적으로 유사한 경우, 다른 사람의 창작물을 자신의 것처럼 이용하는 경우 등이 표절에 해당된다. 출처를 표시하지 않고 남의 표현이나 아이디어를 사용하거나 창작성이 인정되지 않는 짜깁기, 연구결과 조작, 저작권 침해 가능성이 높은 저작물의 경우는 '중한 표절'로 분류한다. 영화나 드라마의 경우에는 대사뿐 아니라 등장인물과 플롯, 사건의 전개과정, 작품의 전체 분위기, 전개 속도 등 여러 가지 요소를 고려하여 표절 여부를 판단한다.

또 자신의 저작이라 하더라도 출처를 밝히지 않고 상당 부분을 그대로 다시 사용하는 경우를 자기표절이라고 한다. 같은 논문을 거의 그대로 다른 학술지에 게재하는 경우 등이 해당된다. 최근 고위공직자 청문회가 자기표절을 알리는 데 톡톡한 노릇을 했다. 고위공직자 후보의 자격 검증 때마다 어김없이 불거지는 논문 중복게재 의혹 등 자기표절 시비가 논란이 되었다.

표절은 기본적으로는 도덕적 · 윤리적 문제이나 심하면 법적인 문제가 된다. 법적으로 표절은 저작권 침해의 한 유형이다. 저작권법에 따르면, 저작물은 인간의 사상 또는 감정을 표현한 창작물이며(2조), 그 종류는 소설 · 시 · 논문 · 강연 · 연설 · 각본과 그 밖의 어문 저작물, 음악 저작물, 연극 및 무용 · 무언극과 그 밖의 연극 저작물, 회화 · 서예 · 조각 · 판화 · 공예 · 응용미술 저작물과 그 밖의 미술 저작물, 건축물 · 건축을 위한 모형 및 설계도서와 그 밖의 건축 저작물, 사진 저작물, 영상 저작물, 지도 · 도표 · 설계도 · 약도 · 모형과 그 밖의 도형 저작물, 컴퓨터 프로그램 저작물 등이 있다(4조).

공표된 저작물에 대해서는 보도 · 비평 · 교육 · 연구 등을 위하여 정당한 범위 안에서 공정한 관행에 합치되게 인용할 수 있도록 허용하고 있으며(28조), 저작물을 이용할 때는 시사보도나 영리를 목적으로 하지 않는 공연 · 방송 또는 시험문제, 방송사업자의 일시적 녹음 · 녹화를 제외하고는 그 출처를 명시하도록 규정하고 있다(37조).

인용

요즘에는 어떤 종류의 일을 하더라도 100% 자신의 독창적인 아이디어로 보기 힘든 경우가 대부분이다. 왜냐하면 거의 모든 분야에 걸쳐서 이미 전문가들이 각각 왕성한 활동을 하고 있는 경우가 대부분이기 때문이다. 글쓰기에서도 마찬가지다. 글을 쓰다 보면 남의 주장, 이론을 활용하면서 자신의 주장을 정당화하는 경우가 많다. 이럴 때 앞에서 언급하였듯이 남의 것을 마치 자신의 것처럼 표절하지 않고 적절한 방법으로 남의 업적을 활용해야 한다. 인용(引用, quotation)은 어떤 주장의 근거나 비판 또는 참고자료 등으로 삼고자 다른 사람의 말, 글이나 저작물로부터 그 일부를 그대로 가져오는 것을 말한다.

인용은 필자 주장의 정당성을 뒷받침하거나, 반대로 필자의 주장을 남의 주장과 극명하게 대비시킴으로써 차별화할 때 활용한다. 특히 신문기사, 논쟁적 성격의 글이나, 학술 논문, 연구논문 등 그동안 축적된 지식을 활용할 경우 인용의 필요성은 그만큼 증가한다.

인용방법은 직접 인용과 간접 인용이 있다. 직접 인용은 어떤 내용을 원문 그대로 옮기는 것이고 간접 인용은 원문을 필자의 언어로 바꾸어 표현하는 인용이다. 직접 인용하는 전체 원문은 앞뒤로 큰따옴표(" ")로 인용 안의 인용은 작은따옴표(' ')로 처리한다.

> 1 대전지방법원 행정부(재판장 최병준 부장판사)는 12일 국민소송단이 "4대 강 사업 가운데 하나인 금강 살리기 사업에 절차상 하자가 있다"며 국토해양부 등을 상대로 낸 하천공사시행계획 취소청구소송을 기각했다.

국민소송단은 예비타당성 조사를 거치지 않은 금강 사업이 국가재정법을 위반한 것은 물론 하천법과 환경영향평가법, 문화재보호법, 한국수자원공사법 등도 위반했다며 소송을 제기했다.

❽2 재판부는 판결문에서 "이번 사업의 경우 국가가 예비타당성 조사를 면제하고 있는 '재해예방 지원 등으로 시급한 추진이 필요한 사업'에 해당되는 만큼 조사를 거치지 않았다는 것은 문제가 되지 않는다"고 판시했다. 매일경제, 2011. 1. 12

❽2에서 보듯이 기사문에서도 판사가 한 판결문을 원문 그대로 인용할 때 큰따옴표로 처리하고, 인용 안의 인용(재해예방 지원 등으로 시급한 추진이 필요한 사업)은 작은따옴표로 처리한다. 또 다른 기사문을 보자.

❽3 월터 샤프(Walter L. Sharp) 한미연합사령관은 이날 미 공영방송 PBS에 출연해 "우리가 준비할 것은 첫째 (북한 미사일을) '억지(deter)'하는 것이지만 만약 이것이 제대로 되지 않는다면 '대응(respond)'할 준비를 해야 한다"고 말했다. 그는 미국이 북한의 미사일 기지를 파괴할 능력이 있느냐는 질문에 "동맹국들과 함께 그렇게 할 능력을 갖추고 있다"고 덧붙였다. 중앙일보, 2011. 1. 15

❽3에서도 샤프 사령관 발언을 직접 인용하는 가운데 또 다른 인용은 작은따옴표로 처리하였다. 즉 미국은 북한 미사일 개발 자체를 억제하는 것을 1차적 목표로 삼을 것이나, 이런 정책이 실패하여 북한이 미사일을 개발한다면, 발사 전에 즉각 공격할 것이라는 그의 과거 발언을 상기시키고 있다. 이렇듯 인용 안의 또 다른 인용은 작은따옴표로 처리한다.

인용 부분 전체는 지문의 왼쪽 기선에서 우측으로 두세 자 들여 쓰고, 행간을 좁히며 글자 크기도 지문보다 작게 하여 인용 부분을 시각적으로 확실하게 구분될 수 있도록 하는 것이 관례이다. 이 책에서 사례로 든 많은 문단, 문장들은 인용 출처를 밝히고 인용법에 준하여 표기하였다.

간접 인용은 원문 그대로의 인용이 아니라 원문의 핵심내용만을 전달하는 것을 말한다. 이런 간접 인용은 직접 인용하는 원문이 필자의 글과 어울리지 않을 때, 원문이 길 때 등 원문 그대로 인용하는 것이 어려울 때 사용한다. 간접 인용에서는 직접 인용에서 사용하는 따옴표를 사용하지 않고, 인용이 끝나는 지점에 주석 번호를 달고 그 출처를 명시하는 방식을 취한다. 간접 인용은 인용문의 요점만 간추려 요약하는 방법과 원문을 의역(paraphrase)하는 방법이 있다.

4 남북통일은 이제 먼 장래의 추상적인 일이 아니라 가까운 장래에 실현될 수 있는 일로서 많은 사람들의 관심을 끌기 시작하였다. 독일 통일 전문가인 박상봉 박사는 '북한의 급변사태에 의한 대한민국의 흡수통일이 보다 현실적'이라고 지적한 바 있다.

박상봉, "남북한 역대정권의 통일정책과 대안 연구", 강원대학교 박사학위논문, 2009

이렇듯 글쓰기에서 논리전개를 위해 필자가 인용하고 참고한 자료들의 출처를 밝히는 것은 글쓰기에 필요한 기본적인 윤리에 해당한다. 이러한 인용은 원 저자의 학문적 공적을 인정하고, 이에 감사의 표시를 하는 것이기도 하며, 원 저자의 저작권을 존중해 주는 일이다. 필자의 논리전개에 도움을 주거나 참고가 된 업적에 대한 정당한 대우를 해주는 방법이기도 하다.

각주와 참고문헌

최근 연구논문의 질을 평가하는 데 인용된 횟수(citation index)가 중요한 평가기준이 되고 있다. 인용된 횟수는 바로 원 저자가 어떤 분야에서 이룩한 업적의 질과 수준에 비례하기 때문이다. 학술논문에서 남의 업적을 인용한 후 그 출처를 표시하는 구체적 방법으로 각주와 참고문헌이 있다. 각주는 인용 자료에 대한 정보를 인용한 페이지 하단에 표시하는 방법이다. 참고문헌은 자신의 글이나 주장을 전개하는 데 참고가 된 문헌들을 말한다. 대부분 글의 마지막 부분에 목록을 제시하는 방법으로 표시한다. 참고문헌은 글을 쓰는 데 참고가 된 문헌뿐만 아니라 해당 주제에 대하여 더 알고 싶은 독자에게 참고가 될 정보를 제공하는 기능도 한다. 각주와 참고문헌을 표기하는 구체적인 방법은 학문 분야와 시대에 따라서, 혹은 학술지에 따라서 조금씩 차이가 있으나 대략 저자명, 도서명, 출판사항(출판지역, 출판사, 출판연도, 페이지) 순서로 한다.

저자명, 도서명, 출판사항

예 조진호.《21세기는 글쓰기가 경쟁력이다》. 서울: 북코리아, 2011, 84면.

저자가 복수일 경우 다음 예시와 같이 한다

예 Cho, J., and Djerassi, C. Minor and Trace Sterols from Marine Invertebrates. 58. *J. Org. Chem.* 1987, 52, 4517-4521.

단순한 참고문헌일 경우 논문제목을 생략하기도 한다

예 Stoilov, I. L., Back, T. G., Thompson, J. E., Cho, J., and Djerassi, C. *J. Am. Chem. Soc.* 1986, 108, 8235-8241.

맺는 말

글쓰기는 지식, 정보, 필자의 주장이나 생각을 글로 표현하여 남과 소통하는 일이다. 글 쓰는 과정에서 도움을 받은 남의 업적, 저작물, 아이디어, 도표 등은 제대로 인용하는 것이 글쓰기의 기본적인 윤리이다. 더구나 지식정보화 사회를 살고 있는 21세기는 지적 재산권에 대한 윤리와 준법정신이 과거 어느 때보다 더욱더 중요시되는 시대이다. 남의 업적을 마치 자기 것인 양 사용하는 것은 지적인 도둑질에 해당하는 일이다. 자신의 노력과 업적을 제대로 평가받으려면 남의 업적을 존중하고 제대로 평가해 주는 일부터 먼저 해야 한다.

요약

1. 표절은 남의 창작물의 전부 또는 일부를 자신의 것처럼 제시하는 행위를 말한다.
2. 표절의 범위와 기준을 명확히 이해하고 글쓰기에 적용해야 한다.
3. 인용은 남의 업적을 존중하면서 자신의 글에 사용하는 것을 말하며 직접 인용과 간접 인용이 있다.
4. 인용하는 구체적 방법을 이해한다.

연습문제

인용방법에 따라서 인용법과 각주, 참고문헌을 표기하여 다음 주제를 5문단 에세이로 작성해 보자.

① 장래 직업선택의 기준

② 현실적인 우리나라 통일 방안

③ 우리나라 실정에 맞는 신재생 에너지 발전전략